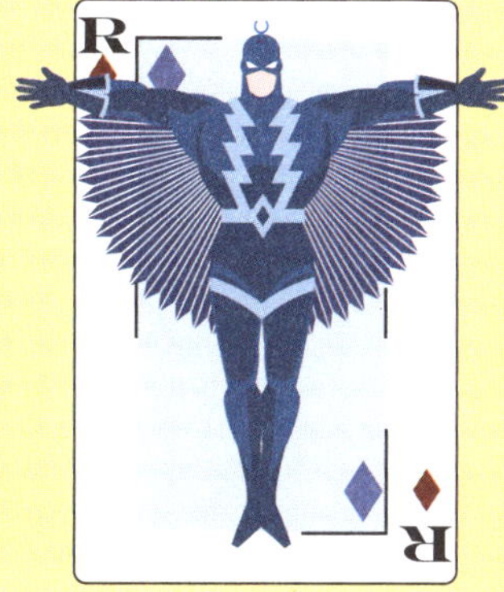

ZIGGY
Z

Stan Lee

de la A a la Z

INTRODUCCIÓN

Stan Lee jugaba muy bien a las cartas. Pero muy bien. A lo largo de su vida, él supo que su destino estaría relacionado al extraño arte del póker, sin ninguna intención de ser un jugador profesional.

Tanto amaba este juego que no solo fue el primero en introducirlo en las historietas, sino que inventó un personaje basado exclusivamente en las cartas, el miembro más enigmático de los X-Men, Gambito. Es más, en los setenta este juego le sirvió a Stanley Martin Lieber, verdadero nombre de Lee, para posicionar un personaje no muy conocido, La Mole, para hacer su gran jugada.

Esto que se conoce como blufear, en el mundo del póker, le salió muy bien a nuestro jugador. Desde hace tiempo se ha discutido la verdadera autoría de ciertos personajes en el Universo Marvel, y los Cuatro Fantásticos es uno de los casos más emblemáticos. El primer equipo de superhéroes fue creado por Lee y Jack Kirby, aunque algunos historiadores del cómic sostienen que fue este último el padre.

Ante esa incertidumbre, Lee no tuvo una mejor idea que rescatar al integrante más ignorado, para lanzarlo como protagonista de su propio cómic. Y, de esa manera, terminar con las dudas sobre su creación. Así nace «Marvel Two-in-One», donde La Cosa o La Mole (The Thing), como Lee, desarrolla una de sus habilidades más singulares. Con las cartas, el más ninguneado, pudo derrotar a otros superhéroes más encumbrados. Cuando Stan Lee, con 17 años, entra en Timely Comics, primer nombre que tendría Marvel, Jack Kirby ya estaba posicionado dentro de la editorial.

Lee siempre ganaba en la vida real, y sabía muy bien cómo desplumar sin cartas a sus circunstanciales acompañantes. Hasta logró que varios se retiraran, o como se dice en el argot pokeril, hicieran *fold*. Y eso que las cartas que tenía, por ejemplo Steve Ditko, padre de Spider Man, era para un verdadero Full de Reyes, una de las manos más fuertes en este juego.

Este libro pretende contar una historia no muy conocida de una persona real que se terminó convirtiendo en un verdadero personaje de una de las factorías de historietas de mayor alcance global. O cuando Stanley Martin Lieber se transformó en Stan Lee, y supo jugar tan bien con sus cartas que nadie se animó a pedirle que las mostrara.

NORBI BARUCH

A también de

Aliteración

Si algo caracterizó a las creaciones de Stan Lee era que sus nombres y apellidos comenzaban con la misma letra. Esto que se conoce como aliteración pasó a llamarse coloquialmente Síndrome Lee. Cuando se le preguntó las razones de semejante juego idiomático, Lee se limitó a contestar que lo hacía por su mala memoria, por lo que intentaba relacionar lo más posible el nombre y el apellido sin equivocarse. Pero esto no le sirvió demasiado cuando en la primera aparición de Spider-Man, Peter Parker se transformó en Peter...Palmer.

The Apache Kid

Fue una de las primeras historietas sin superhéroes. Su verdadero nombre era Alan Kandal y debutó en *Two-Gun Western* #5 (1950), dibujada por John Buscema Sr. Ambientada en el Lejano Oeste norteamericano, Apache Kid sería uno de los personajes más duraderos de Timely Comics. Stan Lee quería que se mostrara con respeto la cultura nativa, diferenciando con llamativa corrección los distintos pueblos originarios.

Atlas Comics

Luego de llamarse Timely Comics, Martin Goodman decide cambiar el nombre de la editorial por Atlas Comics, nombre de su empresa distribuidora, en diciembre de 1951. En medio de los dos cabezales, Goodman intentó en 1946 utilizar un nuevo logo, pero este duraría muy poco tiempo. Era *A Marvel Magazine* en la esquina de la revista, por pedido de Lee.

Antorcha Humana

Este superhéroe fue creado por el artista Carl Burgos y apareció en *Marvel Comics* #1(1939). Era un androide que adoptaría una identidad secreta como oficial de policía en Nueva York. En 1961, Stan Lee y Jack Kirby reutilizaron su nombre y poderes en un nuevo personaje llamado Johnny Storm, que sería miembro fundador de Los 4 Fantásticos.

El escudo en *Captain America* #1(1941)

Superman se transformó en el Capitán América y usó un escudo con su «S».

El primer escudo del Capi estaba inspirado en el uniforme de *The Shield*.

El nuevo Capitán América es afroamericano.

Es la primera vez que Stanley Lieber firma como Stan Lee.

En su primer guion, Lee convierte el escudo en un arma.

Nuevo uniforme y escudo.

En 1953, Lee decide que el Capitán América será «el que aplasta comunistas».

En 1939, el panorama editorial norteamericano comienza a expandirse a títulos que antes casi no existían. Las pequeñas revistas pulp empiezan a perder terreno frente a los tebeos. Y dentro de este nuevo universo dibujado, los superhéroes serían los que marcarían el rumbo. Es entonces que aparece Martin Goodman al mando de una editorial que buscaba concentrarse en las historietas. Para ello, su empresa Timely Comics contrata a Joe Simon y al artista Jack Kirby, para que invente al superhéroe patriótico más famoso, el Capitán América.

En 1940, un joven de 17 años llamado Stanley Martin Lieber empieza a trabajar en Timely como asistente de Simon. Un año después, este joven, primo de la esposa de Goodman, decidiría llamarse Stan Lee en *Captain America #3*, su primer guion.

A de CAPITÁN AMÉRICA

EN EL CINE
En *Capitán América: El primer vengador* (2011), Lee interpreta al General George Marshall que, cuando ve al Capi dice: «Creí que era más alto».

B de BATMAN

Durante años, Stan Lee habló mal de la competencia DC Comics. Decía que era la *Marca Puaj*, en 1966, y que Marvel Comics era «para personas inteligentes». Él fue el creador de un boletín interno, el *Bullpen*, que se publicaba dentro de las revistas con información de la editorial, y donde Lee exponía sus opiniones. Allí los trató de «cobardes» por copiar el estilo Marvel. Pero el tiempo pasó, y el autor de estas diatribas terminó trabajando para... DC Comics. Esto ocurrió en 2001 y la serie se llamó *Just Imagine*. Stan Lee reimaginó a Aquaman, Flash, Linterna Verde, Superman, la Mujer Maravilla y Batman. Este último, cuyo nombre real era Wayne Williams, tampoco tenía superpoderes como el original de Bob Kane y Bill Finger, pero a diferencia de Bruce Wayne, esta nueva versión era afrodescendiente.

BOB KANE

BILL FINGER

John Buscema

Este artista hizo con Stan Lee el libro *Cómo dibujar cómics al estilo Marvel* (1977), donde a través de 157 páginas se aprendía todos los procedimientos y trucos necesarios para crear superhéroes, desde los primeros bocetos hasta las viñetas. En el final del prefacio, Stan Lee le pide a los lectores un favor. «¡Que no le vayas con el cuento a la competencia!».

Bullpen Bulletin

Originalmente titulado *Marvel Bullpen Bulletins*, era la página de noticias e información interna que aparecía en la mayoría de los cómics mensuales de Marvel. Desde su inicio en 1965 hasta su desaparición en 2001, contenía adelantos de las próximas publicaciones, junto con los perfiles de los artistas y guionistas, y una columna editorial escrita por Stan Lee, la Stan's Soapbox. En ella, por lo general, hablaba mal de la competencia.

Marvel Boy

El primer superhéroe de los cincuenta trató de ser una fusión entre el género de luchadores por la libertad y los platillos voladores, tan en boga en aquel momento. Pero la creación de Stan Lee, junto con Russ Health, que se llamó Marvel Boy, no llegó al público y dejó de publicarse.

Ralph Bakshi

El realizador Ralph Bakshi fue el responsable de la primera serie totalmente animada de Marvel, *Spider-Man*, en 1967, con rotundo éxito. Pero a Stan Lee no le gustaba mucho. «Desde un punto de vista estético, creo que fue horrible», sostuvo en la Vanderbilt University, en 1972.

también de

Capitán Marvel

El Capitán Marvel es fruto de mero oportunismo comercial. Antes habían existido personajes con ese nombre en otras editoriales. El más famoso de ellos, creado por William 'Bill' Lee Parker y el artista Charles Clarence Beck en 1940, que gritaba «¡Shazam!» para transformarse, fue publicado inicialmente por Fawcett Publications. Otra versión del personaje, mucho más bizarra, era un androide alienígena creado por el artista Carl Burgos, creador de la Antorcha Humana (1939), para M. F. Enterprises en 1966, que gritaba «Split» para separar las extremidades de su cuerpo, y «Xam» para juntarlas. La primera versión perdió un juicio contra DC Comics que argumentaba que ese personaje era demasiado parecido a su Superman. La de Burgos desapareció sola. Con la marca Marvel libre, Stan Lee aprovechó y, junto a Gene Colan, creó al nuevo Capitán Marvel, en 1967. Con un nuevo uniforme, en blanco y verde, color preferido de Lee, fue el primer superhéroe nuevo desde la creación de Daredevil (1964).

En capítulos

Stan Lee tuvo la idea de dividir las historias en varios capítulos, para que los que miraban la revista en los quioscos creyeran que estaban en presencia de historias distintas. Esta dinámica empezó en 1962 en las revistas de *Los Cuatro Fantásticos* y *Hulk*.

Chandú, el Mago

Entre 1931 y 1936 se transmitió por la radio KHJ de Los Ángeles, un programa que relataba las aventuras de Frank Chandler. Conocido como Chandú, el Mago, luchaba contra criminales gracias a sus habilidades sobrenaturales, como la proyección astral y la teletransportación. Este personaje inspiró a Stan Lee para crear, junto con Steve Ditko, al Dr. Extraño.

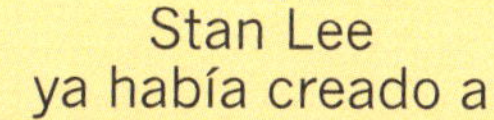

Stan Lee
ya había creado a

Los Cuatro Fantásticos que, a diferencia de Spider-Man, Hulk o Iron Man, demostraban ser una verdadera incubadora de conflictos personales. Esta situación que humanizaba a los superhéroes, era lo que más le gustaba a Lee.

C de

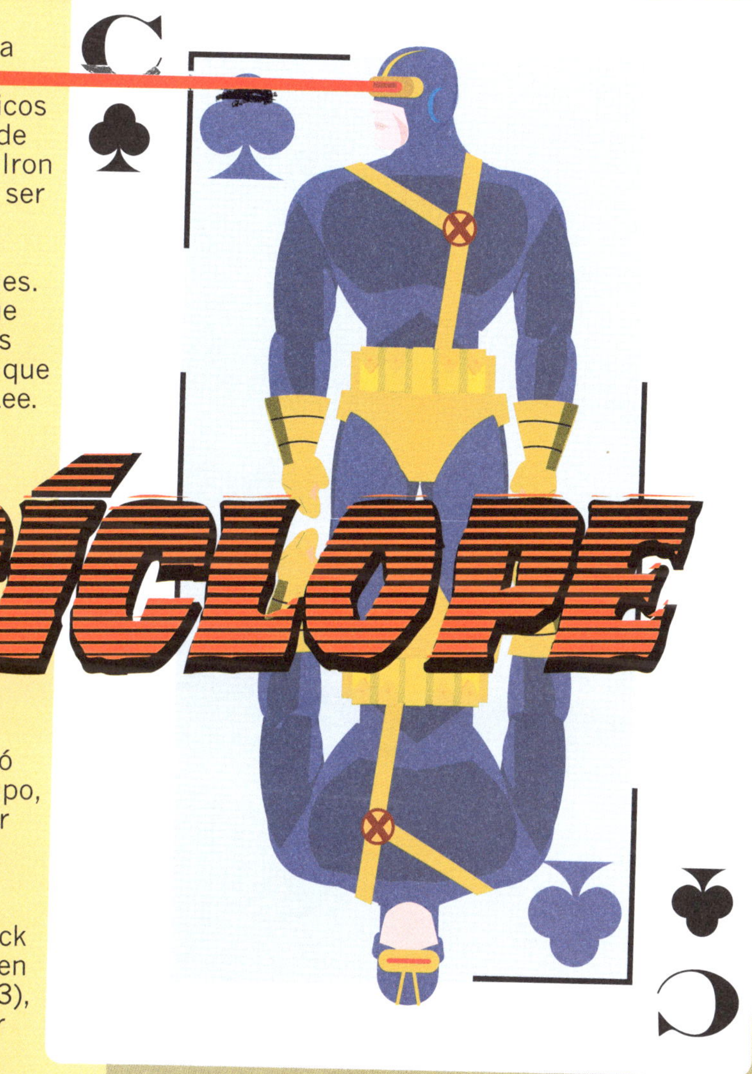

Entonces se le ocurrió crear otro grupo, con un líder muy joven, bastante apuesto. Junto con Jack Kirby pensó en Cíclope (1963), cuyo mayor poder era enamorar a cuanta compañera se le cruzara en las viñetas.

D de DAREDEVIL

EN EL CINE
En *Daredevil* (2003), un joven Matt Murdock intercepta a un Lee que, sin quitar la vista de su periódico, está a punto de ser atropellado por un auto.

BILL EVERETT

Uno a esta altura ya no sabe si Stan Lee amaba o no a sus superhéroes. Porque si algo define sus creaciones es lo tortuoso de sus vidas y sus relaciones fallidas interpersonales. Además, desde 1962, Lee había encontrado que las minusvalías físicas podían ser sumadas a sus creaciones. Un médico cojo y un empresario con una deficiencia cardiaca mortal sirvieron para encontrar los alter egos perfectos de Thor y Iron Man. Ahora la apuesta sería mayor: un superhéroe no vidente. Así nace Daredevil, en 1964, con los trazos de Bill Everett y Jack Kirby.

Este personaje, al igual que Spider-Man, ha sufrido un accidente radioactivo.

En 1940, Daredevil ya existía, pero era un superhéroe mudo, no ciego.

La misma sustancia radioactiva que lo dejó ciego daría origen a las Teenage Mutant Ninja Turtles.

La «D» doble de Miller es un homenaje a la «D» de Everett.

FRANK MILLER

Existe una versión para público adulto del personaje hecha por Frank Miller.

Destructor

Una de las primeras creaciones de Stan Lee, junto a Jack Binder, que poco se recuerdan fue la del Destructor, en 1941. El periodista Kevin Marlow viaja a Alemania para investigar el ascenso del nazismo, donde es encarcelado por supuesto espionaje. Allí recibe el suero para supersoldados que le suministra otro preso, un ex científico nazi, Eric Schmitt, y se convierte en el primer superhéroe que llevará una calavera como insignia en su pecho, antes que Punisher.

Devil Dinosaur

Un dinosaurio inteligente parecido a un Tyrannosaurus Rex fue la última creación de Jack Kirby para Marvel. En 1978 aparece el primer número de *Devil Dinosaur*, una historia que el autor, en un principio, ubicó en la prehistoria terrestre, y que luego se diría que vino de otro planeta.

It´s a Duck´s Life

Las versiones antropomórficas de animales han sido una constante en las historietas. Y en el caso de Marvel han servido para salvar a la editorial cuando los superhéroes dejaron de ser necesarios a fines de los cuarenta. Entonces Stan Lee, ante el éxito del Donald de Disney, inventó varias historias de patos. Así nacieron publicaciones como *Wonder Duck* (1949), *It´s A Duck´s Life* (1950), *Buck Duck* (1953) y *Dippy Duck* (1957).

Dos dólares menos

En medio de la crisis de los superhéroes, el Senado de EE.UU. empezó a cuestionar la mala influencia de los cómics en los niños. En 1956, Martin Goodman aprovechó esto y le pidió a Stan Lee que empezara a pagar dos dólares menos por historia terminada. Esto obligó a muchos artistas a cambiar el mundo de la historieta por el publicitario.

El segundo álbum de Pink Floyd, *A Saucerful Of Secrets*, tiene en la portada un collage con imágenes del Dr. Strange.

Antes de ser el antagonista de *Chandu The Magician*, Bela Lugosi fue el Conde Drácula.

En sus primeras apariciones, no tenía su capa mágica (y era más viejo).

Ditko fue alumno del creador del Joker de Batman, Jerry Robinson.

Lee se inspiró, también, en el Dr. Fate de DC Comics.

también de

Excelsior

En los sesenta, Stan Lee finalizaba su columna de opinión en el *Bullpen Bulletin*, con una expresión para despedirse. Él creía que era necesario cambiarla constantemente, porque, según él, los de DC Comics siempre buscaban copiarla. «Así que busqué una expresión que ni ellos supieron escribirla». Así surgió Excelsior, «siempre hacia arriba».

Estela Plateada

Este personaje, conocido también como Silver Surfer, fue creado por Jack Kirby, en 1966, y tiene la particularidad que no figuraba en el guion original que Stan Lee le envió al artista. Este extraterrestre humanoide viajaba por el espacio montado en una tabla de surf.

Edades del cómic

La historia de los cómics se divide en varios períodos históricos que son conocidos como edades. La primera es conocida como Edad de Oro, que va desde 1938 hasta 1956. La publicación de *Action Comics* #1, con la primera aparición de Superman como el comienzo. Le sigue la Edad de Plata, desde 1956 hasta 1970, con el declive de los superhéroes, en un principio, y el resurgimiento con creaciones como Spider-Man y Los 4 Fantásticos. Después llegará la Edad de Bronce, 1970-1985, con tramas más oscuras, y teniendo como hito inicial la publicación *The Amazing Spider-Man* #121. Para finalizar con la Edad Moderna, desde 1985 a la actualidad, con el surgimiento de la figura del antihéroe (Punisher, Elektra y Wolverine).

El Dr. Extraño de DC

Cuando nace el Dr. Extraño de Lee-Ditko ya existía otro con el mismo nombre. El Dr. Hugo Strange ya era famoso cuando aparece el nuevo, y pertenecía a la competencia, como diría Lee. Había nacido en 1940, de la mano de Bob Kane y Bill Finger, para hacerle la vida imposible a Batman.

Durante su niñez, Stan Lee era fanático de un radioteatro sobre la vida de un mago muy especial. Chandu The Magician no era cualquier ilusionista, ya que había aprendido los secretos ocultos del Tíbet y eso aterrorizaba al pequeño Lee. Ese recuerdo lo ayudaría a crear al alter ego de Stephen Strange, el Dr. Extraño (1963), junto con Steve Ditko. La visión creativa de este artista visual fue clave para poder transmitir en papel la mística radial del show. Ditko logró un planteamiento novedoso para la época, en evidente contraposición al estilo más tradicional que tenía Jack Kirby. Su estética abstracta y surrealista hizo que lo llamaran el «Dalí del cómic».

STEVE DITKO

E de

DR. STRANGE

(Dr. Extraño)

MASTER OF BLACK MAGIC!

EN EL CINE
En *Doctor Extraño* (2016), Lee viaja en un autobús sin darse cuenta que la ciudad se cae a pedazos.

F de Fantastic Four

(LOS CUATRO FANTÁSTICOS)

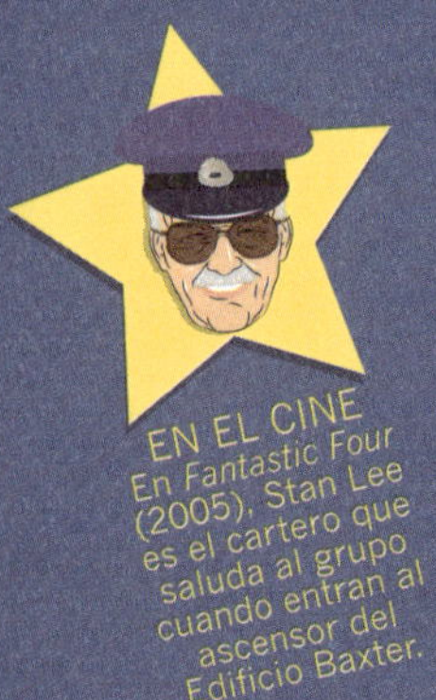

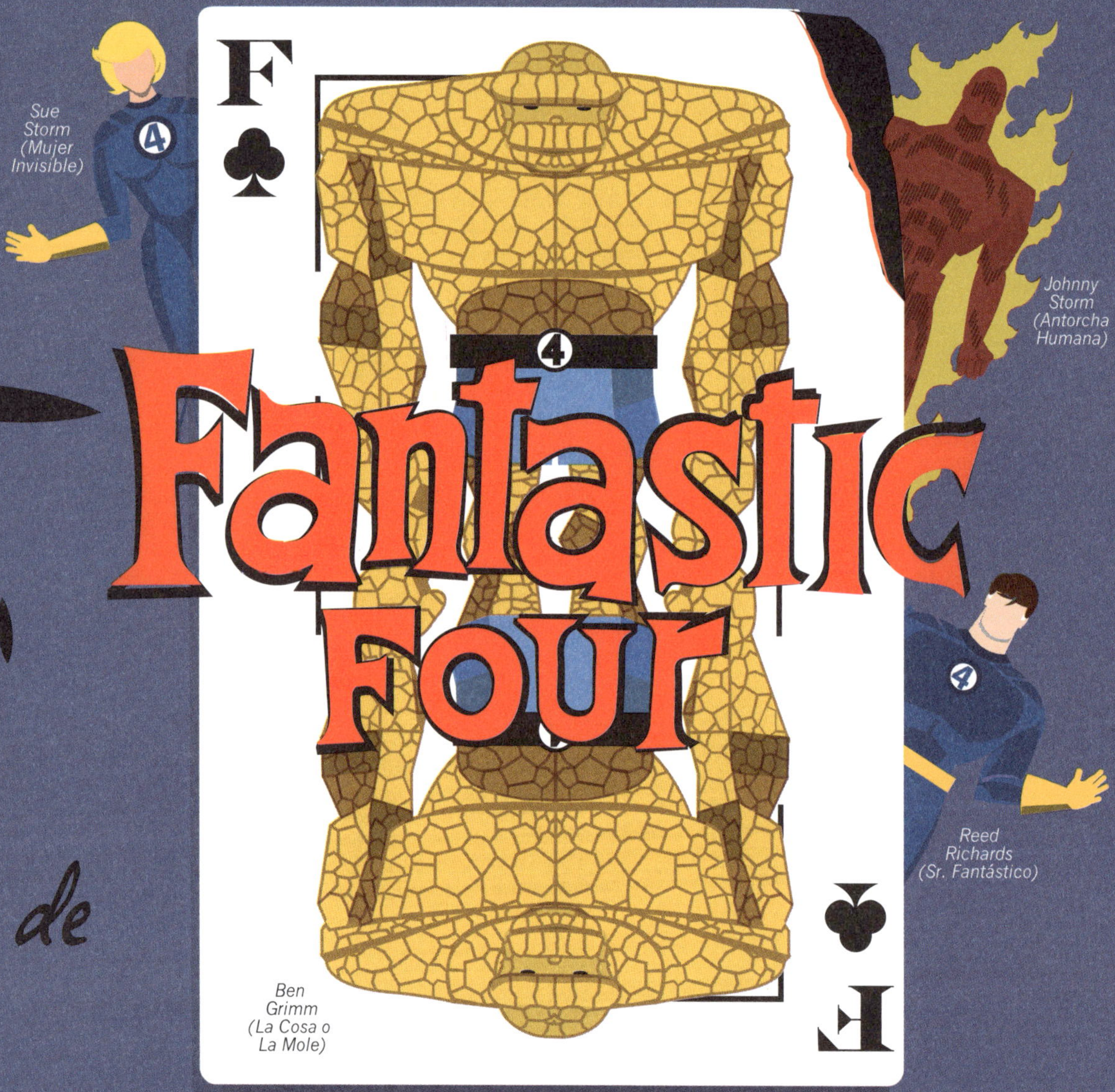

EN EL CINE
En *Fantastic Four* (2005), Stan Lee es el cartero que saluda al grupo cuando entran al ascensor del Edificio Baxter.

A fines de los cincuenta, las historietas de superhéroes habían caído en desgracia. Una fuerte campaña iniciada por el psiquiatra alemán Fredric Wertham los acusaba de ofrecer representaciones explícitas (y encubiertas) de violencia, sexo y consumo de drogas. «Los cómics en el peor de los casos son demoniacos, en el mejor simple basura», sostenía. La intervención y control del Senado no se hizo esperar. En medio de este contexto, DC Comics logró imponer un nuevo concepto en las historietas, la reunión de superhéroes, con notable éxito. Era la *Justice League Of America*, creada por Gardner Fox, en 1960, e integrada por Batman, Superman, Wonder Woman («Una lesbiana», según Wertham), Linterna Verde y Flash. Entonces Marvel no podía ser menos. Stan Lee y Jack Kirby crearon al grupo de superhéroes que salvaría a la editorial, los Fantastic Four.

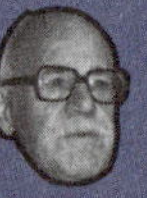

GARDNER FOX

Reed Richards (Mr. Fantastic) se parece mucho a Plastic Man de DC Comics.

Plastic Man (1941), de Jack Cole

Mister Fantastic (1961), de Jack Kirby

Lee quería que Sue Storm fuera parecida a su esposa, Joan Clayton Boocock.

En el mundillo del cómic se conjetura que el dueño de Marvel, Martin Goodman, se había enterado del éxito de la Liga de la Justicia mientras jugaba al golf con el director de DC Comics, Jack Liebowitz, pero ese encuentro nunca se produjo.

F también de

Flo Steinberg

En la Edad de Plata de las historietas, la editorial Marvel se manejaba solo con dos personas fijas en la oficina, y muchos artistas independientes. Una de las dos personas era Stan Lee, mientras que la otra era Florence Steinberg, secretaria, recepcionista, enlace con los ilustradores y, a veces, hasta telefonista. «Fabulous Flo», como la llamaban algunos, fue la que empezó a contestar los correos de lectores, tan famosos en la editorial, en nombre de Lee.

Jack Frost

Aparece en 1941 en la revista *U.S.A. Comics #1*, publicado por Timely Comics, y es considerado el primer superhéroe creado por Stan Lee, junto al artista Charles Wojtkoski. Pero su breve estrellato se apagó cuando en el número 5 apareció un nuevo superhéroe, el Capitán América.

Irving Forbush

Stan Lee observaba muy de cerca el éxito que estaba teniendo *MAD*, que no era de superhéroes. Entonces pensó en hacer una revista similar, llamada *Snafu* (1955) y en crear un personaje principal, Irving Forbush, como contrapartida de Alfred Newman. Forbush comienza siendo un empleado imaginario de la editorial Marble Comics, una parodia de Marvel, y convirtiéndose después en Forbush-Man, un superhéroe que llega a pelear contra Juggernut.

Fin Fang Foom

En la creación de supervillanos, Lee ha inventado personajes realmente raros. Por ejemplo, pensó en una especie de dragón extraterrestre que pelearía contra el ejército de la China comunista en Taiwán. Para el nombre de esta criatura, Fin Fang Foom (1961), se inspiró en el título del film *Chu-Chi-Chow* (1934) que él vio cuando tenía 12 años.

Galactus

Considerado el villano definitivo por su maldad, Galactus fue creado por Stan Lee y Jack Kirby en 1966, para enfrentar a los Fantastic Four. Su primer nombre fue Galan y es un ser cósmico que necesita consumir planetas para calmar su hambre. En 2009, el sitio especializado IGN dio a conocer la lista de Los 100 mejores villanos de las historietas, y Galactus se ubicó en el puesto quinto.

Martin Goodman

En 1935, un joven emprendedor, Martin Goodman, de 31 años, decide crear una editorial dedicada íntegramente a las historietas, frente al éxito que estaba teniendo la otra empresa, Action Comics (que después sería DC Comics). Como no tenía demasiado dinero para invertir, la idea fue crear una empresa familiar, y ahí entró en escena un joven, sobrino de su esposa, llamado… Stan Lee. Jack Kirby asociaba a Lee con la patronal, por este vínculo familiar, cosa que provocaba constantes enfrentamientos internos.

Guardianes de la Galaxia

El guionista Roy Thomas había tenido la idea original sobre los Guardianes, donde el grupo de superhéroes lucharían contra rusos y chinos que cogobernaban a los EE.UU. Pero esa idea fue totalmente descartada por Stan Lee, quien trabajó con Arnold Drake en lo que son hoy los Guardianes. Todo se decidió en un viaje que Lee hizo con Drake para asistir a una convención de cómics.

Gwendolyne Maxine Stacy

Stan Lee crea a este personaje para que sea el amor imposible de Spider-Man, tras ser asesinada por el Duende Verde (*The Amazing Spider-Man* #121, 1973). La historieta que nace en 1965 presenta a quien será conocida como Spider-Woman. Su muerte es considerada como el hito del final de la Edad de Plata de los cómics.

La idea de un monstruo alienígena se inspiró en el film *Invaders From Mars*.

Groot es una ceiba, árbol sagrado para los mayas.

El compañero inseparable de Groot es un mapache llamado Rocket Raccoon. Antes fue aliado de Hulk.

Groot vuelve a ser malo cuando Venom se apodera de él.

Siempre que muere, como es un árbol vuelve a la vida como una plantita llamada Baby Groot.

G de GROOT!

THE MONSTER FROM PLANET X

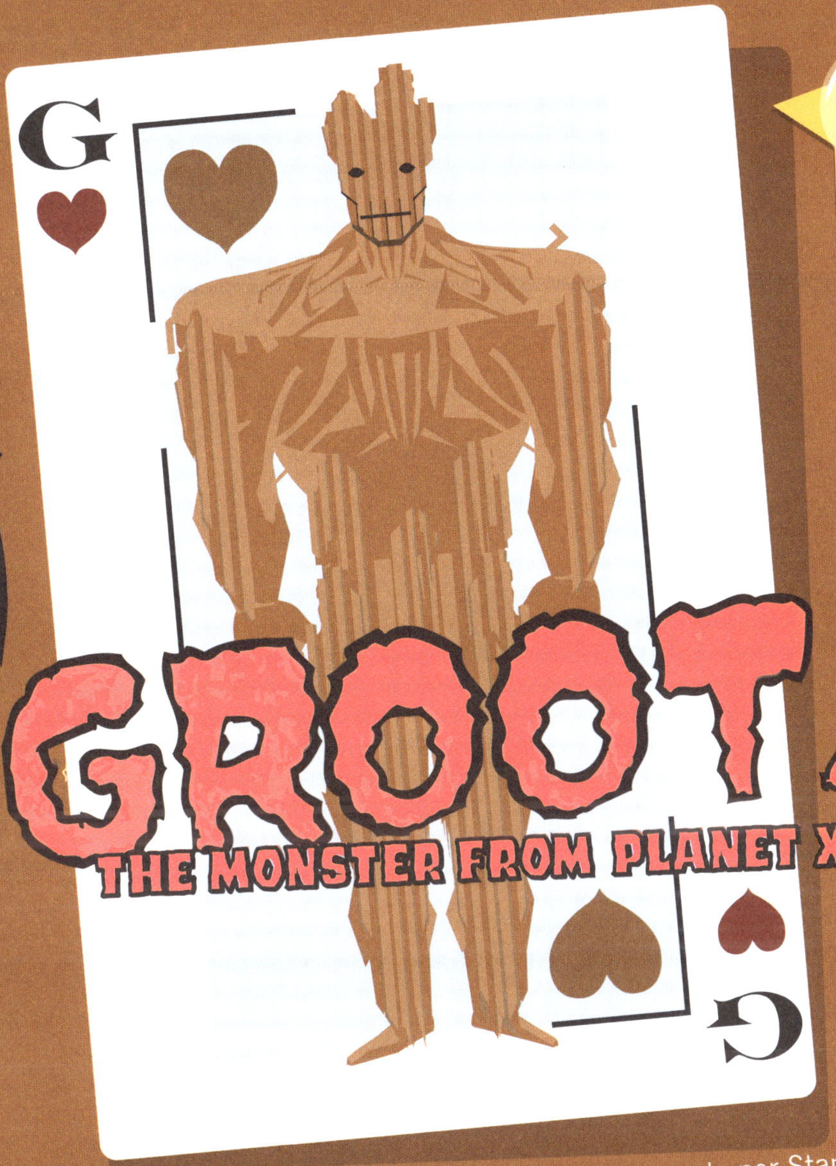

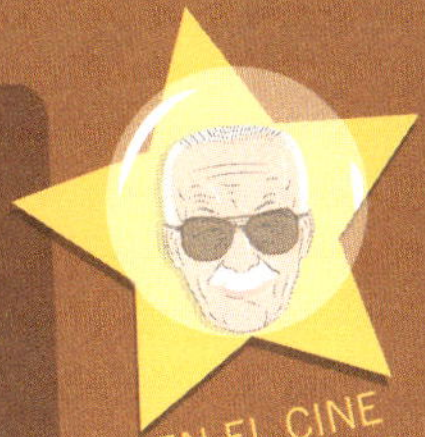

EN EL CINE
En *Guardianes de la Galaxia* (2014), Lee es descubierto por Rocket Raccoon hablando con una señorita mucho más joven que él.

Es un personaje, un monstruo al principio, creado por Stan Lee, junto a su hermano, Larry Lieber y Jack Kirby, en 1960. Desde un principio, The Groot es un invasor extraterrestre de la raza Flora Colossus del Planeta X, y su misión en la Tierra era capturar humanos para la experimentación. Esto cambiará en la publicación *Annihilation Conquest: Starlord* #2 (2007), donde se transformará en un ser noble y heroico, dando la vida para salvar a los humanos. Su rasgo más reconocible, gracias al cine, es su limitación en el habla. Solo puede decir «Yo soy Groot». Esto es así porque al ser un árbol, su fisiología robusta y pesada hace que sus órganos del habla sean rígidos e inflexibles, y no pueda decir demasiadas palabras.

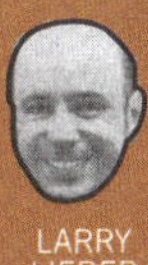

LARRY LIEBER

H de THE SAVAGE SHE-HULK

Verde que te quiero verde. Era el color preferido de Lee.

Ella, también conocida como Hulka, fue la última creación de Stan Lee, dentro de Marvel, en 1980. La misma nació por una cuestión estratégica de negocios, más que por una cuestión creativa. Lee no quería que DC Comics pudiera crear una versión femenina de su gigante verde tan exitoso, ni que utilizaran su color favorito en alguna creación. Tal fue el apuro para crearla que tanto Lee como el artista John Buscema no sabían qué hacer con ella. Lo primero, y muy llamativo, fue crearle una publicación propia (*The Savage She-Hulk*), suerte que ni el propio Capitán América tuvo en sus comienzos heroicos.

JOHN BUSCEMA

Kirby hizo la cara de Hulk basándose en la película *Frankenstein* con Boris Karloff.

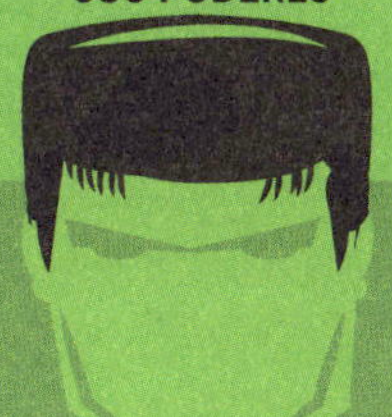

La abogada Jennifer Walters se transforma en Hulka por una transfusión de sangre de su primo, Bruce Banner-Hulk.

Walters presentó una demanda contra Tony Stark-Iron Man, por vender armas a la mafia.

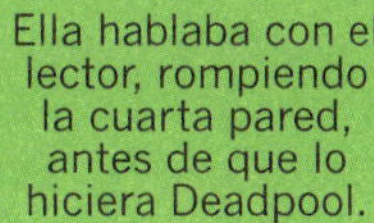

Ella hablaba con el lector, rompiendo la cuarta pared, antes de que lo hiciera Deadpool.

En un *crossover* de DC y Marvel, She-Hulk pelea junto a Wonder Woman.

también de

Heroman

Es el nombre de una historieta para el mercado japonés, lo que se conoce como manga, que es creado por Stan Lee y dibujada por Tamon Ohta, en 2009. Heroman era un pequeño robot que el protagonista, Joey Jones, encuentra en la basura y lo arregla, con poca suerte. Luego un rayo cósmico lo transforma en uno gigante.

Hércules

Este personaje, creado por Lee y Kirby, está basado en Heracles de la mitología griega, aunque el nombre Hércules pertenece a la mitología romana. Aparece formalmente en *Journey Into The Mystery Anual #1* (1965). Antes había sido traído del pasado por el villano Immortus (también creado por Lee-Kirby) para enfrentar a Thor (*Avengers #10*, 1964).

Halcón

También conocido como Falcon, Samuel Thomas 'Sam' Wilson es considerado el primer superhéroe afrodescendiente de Marvel, ya que Pantera Negra (Black Panther) era africano. Creado por Lee y Gene Colan, Halcón usa alas mecánicas que le permiten volar y tiene control telepático sobre las aves. Wilson se transformaría en el nuevo Capitán América, luego de la jubilación de Steve Rogers.

Howard, the Duck

Cuando Steve Gerber vio los primeros bocetos de su creación, a cargo del artista Val Mayerik, no le cambió nada. Howard era idéntico a Donald, el pato que Carl Barks había creado para Disney, pero más desaliñado y con un habano. Este nuevo personaje, con corbata en lugar del moño rojo de Donald, fue aprobado por Stan Lee, quien admiraba profundamente a Walt Disney.

Iron Lantern

La rivalidad Marvel-DC Comics que Stan Lee inventó trajo como resultado uno de los máximos éxitos editoriales en la historia de los cómics. Lo que él decía fue puesto en papel y generó un *crossover* inimaginado entre los superhéroes de las dos editoriales. Era Marvel vs. DC Comics de verdad, y como parte de la trama llegaría la fusión de los dos universos. Como parte de esa amalgama uno de los nuevos superhéroes fue Iron Lantern (1997), que no es otra cosa que la fusión entre Iron Man y Linterna Verde.

Inhumans

Este grupo de superhéroes, el tercero creado por Lee-Kirby, hace su presentación dentro de la revista *Fantastic Four* #45 (1965), cuando los fantásticos Reed Richards y Sue Storm se encuentran con los Inhumans, durante su luna de miel. Ese año, Marvel debía presentar nuevos personajes frente a la gran demanda de los lectores, y Jack Kirby tenía la solución. Él venía trabajando en solitario en este grupo producto de experimentos extraterrestres que habitaban la ciudad de Attilan, una isla del Atlántico. Los miembros de la familia real Inhumana son Black Bolt, Medusa, Crystal, Gorgon, Karnak y Maximus, el Loco.

Igor

Stan Lee necesitaba a un antagonista para crear a su próximo superhéroe, junto con Jack Kirby. No quería otro grupo como los Fantastic Four, sino un héroe en solitario. Entonces pensó en una transformación como la de El Dr. Jekyll y Mr. Hyde para crear a Hulk. El doctor Bruce Banner había creado una bomba de radiación gamma, pero en una prueba fue expuesto accidentalmente a sus rayos, traicionado por su asistente, Igor Drenkov, quien resultó ser un espía de la antigua URSS.

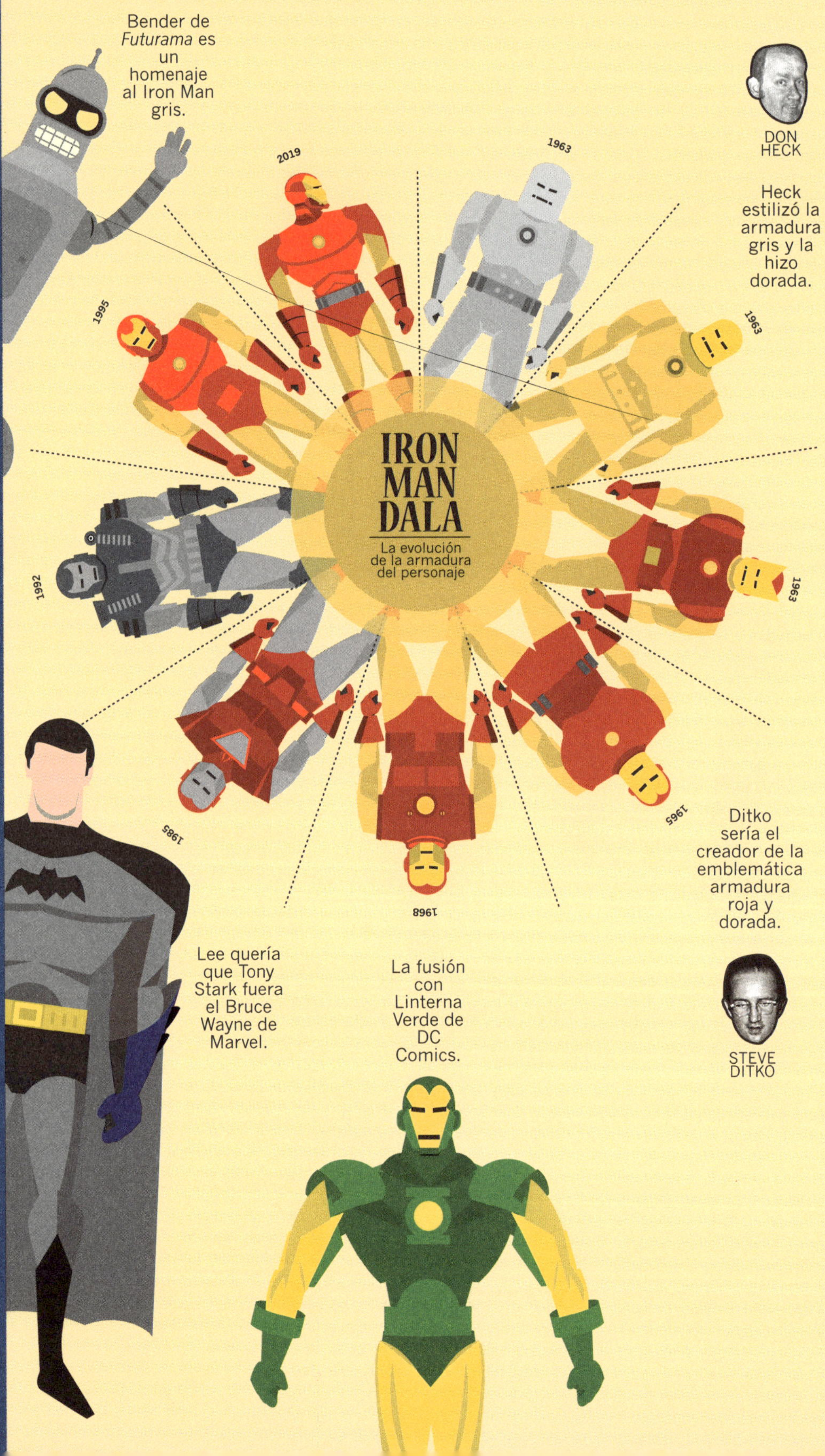

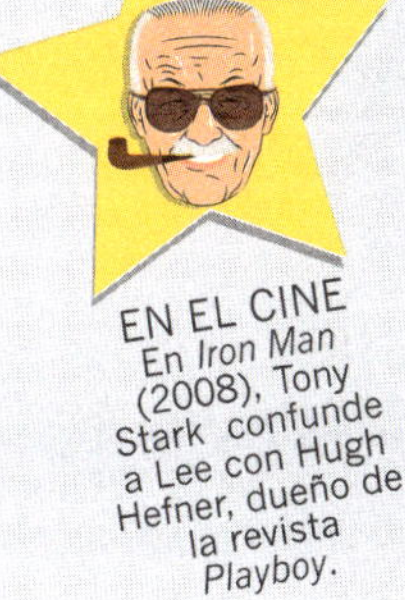

«Mi Stark es Howard Hughes. Para Jon Favreau, director de *Iron Man*, es Elon Musk».

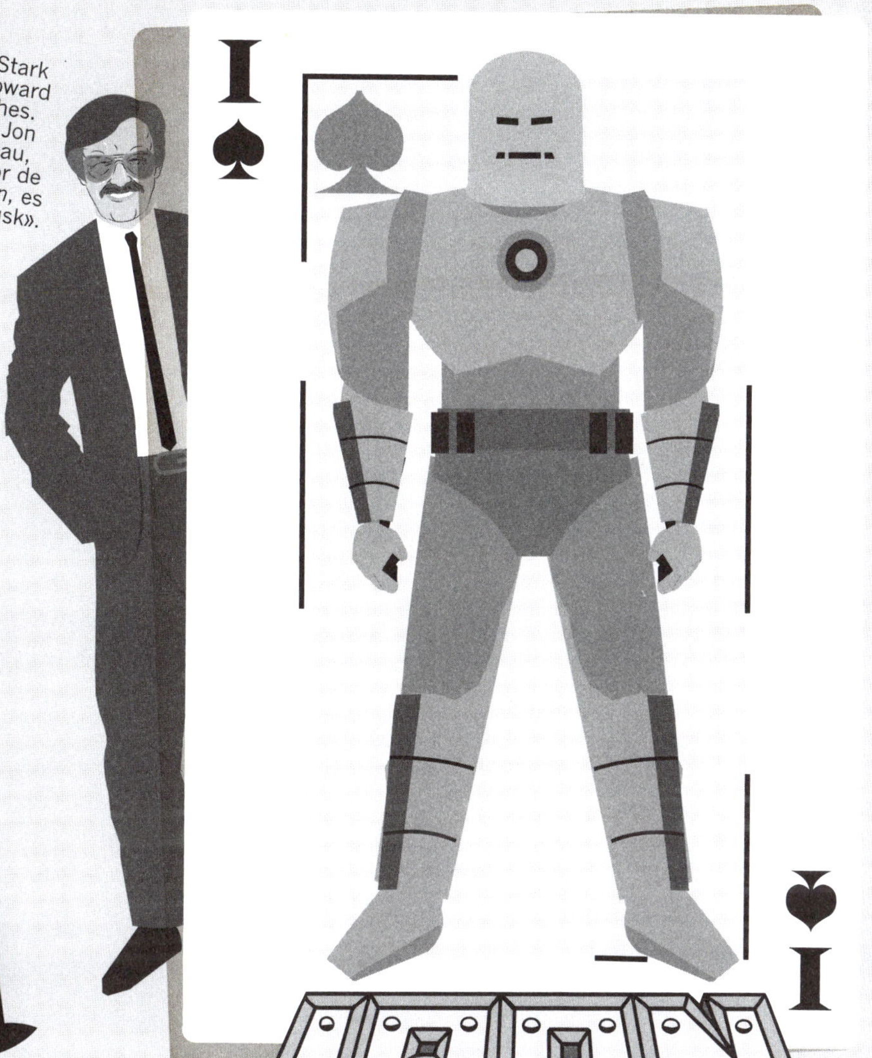

I de IRON MAN

EN EL CINE
En *Iron Man* (2008), Tony Stark confunde a Lee con Hugh Hefner, dueño de la revista *Playboy*.

Stan Lee quería crear un superhéroe que, sin su máscara, fuera un millonario, mujeriego y filántropo de la sociedad. Como Bill Finger y Bob Kane ya le habían ganado con Batman (1939), el desafío era que fuera diferente. Entonces buscó molestar a sus lectores, que odiaban la guerra, con una historieta basada en un empresario fabricante de armas para el ejército. Para que no hayan dudas, Lee y Jack Kirby buscaron que el empresario de la ficción, Anthony Edward 'Tony' Stark, tuviera un pequeño bigote como el del empresario real que los inspiraba, Howard Hughes.

Nacido como Cain Marko, este personaje es hermanastro de Charles Xavier, fundador de los X-Men, a quien hostigará desde la niñez. Luego, como Juggernaut, se convertirá en un supervillano que disfrutará demasiado de pelear contra Thor, Hulk, Deadpool, los X-Men y Spider-Man, entre otros. Él es tal vez otra consecuencia del famoso Método Marvel, donde las creaciones han pasado por muchas manos, pero la firma siempre será la de Lee. Entonces el gigante Juggernaut (1965) será una creación conjunta de Jack Kirby, Alex Toth y Steve Ditko, además de Stan Lee.

J

de

JUGGERNAUT

también de

Joan Clayton Boocock
Stan Lee estuvo casado con la modelo inglesa Joan Clayton Boocock durante 69 años. Él llegó a decir que ella era la chica que «había estado dibujando toda mi vida», mientras que Clayton lo confirmaba diciendo «Stan siempre me ha dicho que tengo una cara de caricatura», en una entrevista de 2002. Aunque ella nunca consideró que eso podría ser un piropo, Stan Lee imaginó a dos superheroínas con la cara de su esposa: Susan Storm y Gwen Stacy.

John Jonah Jameson Jr.
Gracias a la avalancha de cartas de lectores, seis meses después de su primera aparición, Spider-Man salta a los quioscos con su propia revista. Así en *The Amazing Spider-Man* #1 (1963) se presenta a John Jonah Jameson Jr. (con varias J como le gustaba a Lee), quien será el jefe eterno de Peter Parker. El personaje fue creado por Steve Ditko a partir de la figura real de su propio editor, Stan Lee.

John Jonah Jameson Sr.
Conocido como Jay, es el padre del famoso editor del *Daily Bugle*, John Jonah Jameson, donde trabaja Peter Parker. Luego de quedar viudo, conocerá a May Parker, tía de Spider-Man. Luego se casará con ella, y esto provocará una situación muy graciosa para Parker, ya que John Jonah Jameson Jr, su despiadado jefe, ahora será su primo.

Journey Into Mystery
Era una revista de Atlas Comics, luego Marvel Comics, que empezó siendo una antología de cómics de terror, de monstruos gigantes y ciencia ficción a fines de la década de 1950. En su número 83 (1962), presentaría a un nuevo superhéroe llamado Thor, creado por Lee, junto con su hermano, Larry Lieber, y Kirby. La publicación, que recibió el nombre del superhéroe en el número 126 (1966), ha servido para presentar también al hermano del dios del Trueno, Loki.

también de
Los Kree

Los Kree, también conocidos como los Ruul, son una de las casi treinta razas alienígenas que crearon Stan Lee y Jack Kirby. Son humanoides de piel azul, de origen militarista y tecnológicamente avanzados que habitaban en el planeta Hala, en la Gran Nube de Magallanes. Su primera aparición fue en *Fantastic Four* V1#65 (1967), donde se mostraba a una sociedad nacionalista bajo una dictadura tecnocrática militar. Al ser una de las razas más avanzadas en la galaxia, los Kree son especialistas en la ingeniería genética y son los responsables de la creación de raza de los Inhumanos, tras haber experimentado con humanos en la Tierra.

Karakuridôji Ultimo

Fue un manga que hizo Lee para Japón, junto con el artista Hiroyuki Takei, conocido mundialmente por su trabajo en *Shaman King*. *Karakuridôji Ultimo* (2008) cuenta la historia de Ultimo y Vice, dos robots que representan la bondad y la maldad, creados por el malvado Dr. Roger Dunstan hace mil años y destinados a luchar entre sí para siempre. El rostro del villano es el de Lee.

Kraven, el Cazador

El ruso Sergei Nikolaevich Krávinov es un cazador de piezas mayores que fue presentado en *The Amazing Spider-Man* #15 (1964). Al principio como villano, luego como antihéroe, fue creado por Lee y Steve Ditko. Kraven se ha enfrentado a Black Panther, pero también se ha asociado a Chica Ardilla.

Kang, el Conquistador

Su nombre es Nathaniel Richards y apareció por primera vez en *The Avengers* #8 (1964), creado por Lee-Kirby. Es un supervillano que viaja en el tiempo, que ha enfrentado a los Vengadores, los 4 Fantásticos, los X-Men y al Hombre Araña. Lee se inspiró en la novela de ciencia ficción *The Time Machine* (1895) de H. G. Wells.

Con 17 años y su verdadero nombre, Jacob Kurtzberg, empieza dibujando a Popeye, en el estudio de animación de Max Fleischer.

Spider-Man sin spider.

Su personaje, Machine Man está inspirado en la película *2001: A Space Odyssey*.

Cuando Lee le pide a Kirby crear a Spider-Man, este lo hace muy parecido a su Capitán América.

Kirby dibujaba su cabeza en Superman, y era siempre recortada y reemplazada por la del artista Curt Swan.

CURT SWAN

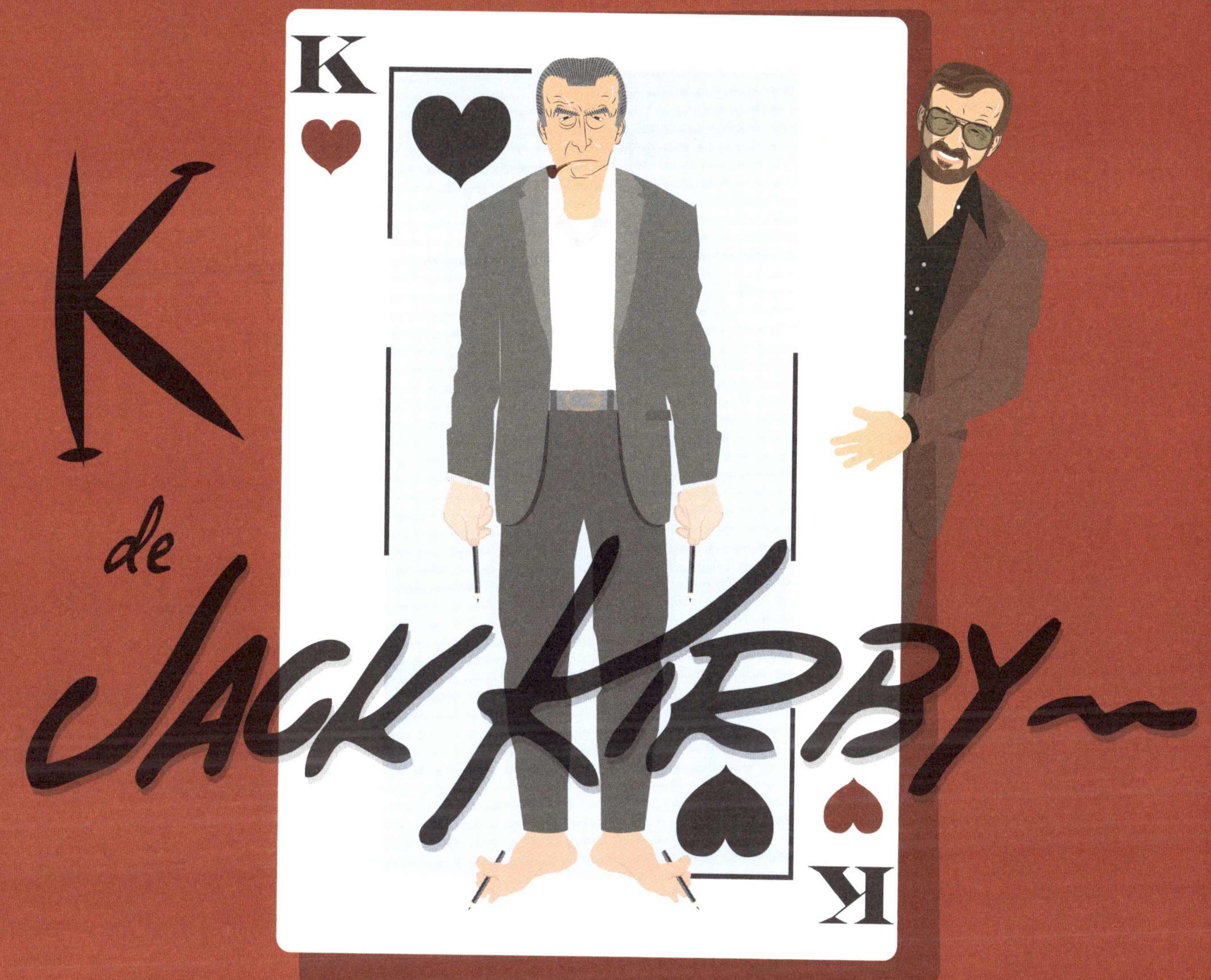

Stan Lee tenía una relación muy particular con su artista estrella, el gran Jack Kirby. Eran los Lennon-McCartney de las historietas, ya que la historia demostró que funcionaron bien juntos y que separados fueron solamente correctos. Pero esa relación era de amor-odio, tanto es así que cuando muere Kirby, Lee le pide permiso a la viuda, Roz Goldstein, para poder asistir al funeral. Antes de declararse la guerra entre ellos, en los sesenta crearon a The Fantastic Four, Iron Man, los X-Men, Hulk, Thor, Ant-Man, Galactus, The Inhumans, Black Panther, Magneto, Silver Surfer y al Doctor Doom, entre otros. Antes de trabajar con Lee, Kirby había creado al Capitán América (1941), junto con Joe Simon.

L de LOKI

Loki Laufeyson, ese es su nombre completo, fue creado por Stan Lee, Larry Lieber y Jack Kirby, y su primera aparición fue en *Journey Into Mystery* Vol.1 #85 (1962). Está inspirado en la deidad nórdica de mismo nombre, conocido como «dios del Engaño». Él ha conspirado siempre para usurpar el trono de Asgard. Para lograrlo, Loki no ha dudado en cambiar de sexo, más de una vez. Lee cambió algunos aspectos de su personaje, alejándolo de la mitología nórdica, ya que sería tío de Thor por ser hermano de Odín. Pero en lo que se ha coincidido con la tradición ha sido en la cuestión sexual, donde si bien no se habla de bisexualidad, se cuenta de sus aventuras con ambos géneros.

también de

Lawrence 'Larry' Lieber
Es el hermano menor de Stan Lee, cocreador de los superhéroes Iron-Man, Thor y Ant-Man. Además fue el creador de sus alter egos: Don Blake, Tony Stark y Henry Pym. Él fue el ilustrador de la tira diaria de *The Amazing Spider-Man* que aparecía en los periódicos de EE.UU., durante 32 años, escrito por Stan Lee. Durante el boom de las publicaciones románticas de la editorial, Lieber fue el guionista principal de *Love Tales*, *Love Romances* y *True Tales Of Love*.

Lancer Books
A mediados de los sesenta, Marvel ya vendía 33 millones de cómics al año. Entonces Lee buscó una editorial que pudiera volver a publicar las viejas historias en un formato accesible, 176 páginas por 50 centavos, y se decidió por Lancer Books. Esta editorial venía de lograr un gran éxito al volver a publicar las historias de *Conan el bárbaro* (1930) de Robert E. Howard, con las portadas hechas por el artista Frank Frazetta. Se publicaron seis volúmenes con las historietas, en blanco y negro, de The Fantastic Four, Spider-Man, Thor y The Hulk.

Lorna The Jungle Queen
Luego del éxito cinematográfico del Tarzán de Johnny Weissmüller, y sus 12 películas, era evidente que el editor Stan Lee no dejaría pasar la oportunidad de una versión en papel. Así nace *Lorna The Jungle Queen* (1953), de la mano de Don Rico y Werner Roth.

Love, Love, Love
Tras el final de la II Guerra Mundial, los cómics de superhéroes habían caído en el olvido. Entonces surge una alternativa que será un éxito de ventas de la editorial. Así nace la revista de amor llamada *Young Romance* (1947), con historias de Simon-Kirby.

Millie The Model

Este personaje, creado por Ruth Atkinson, trabajaba como modelo para la Agencia Hanover, y su vida estaba totalmente alejada de los superhéroes. *Millie The Model* se mantuvo a la venta durante 28 años (desde 1945 hasta 1973). Las peripecias que se narraban en su interior eran situaciones humorísticas. Lee pronto se hizo cargo de los guiones.

Método Marvel

Existen dos formas de escribir un cómic, el Método de Guion Completo y el Método Marvel. En el primero, el guionista describe cada viñeta que el artista de turno la dibujará. Luego agregará los diálogos. Mientras que el Método Marvel involucra mucho más al dibujante en el guion, ya que el guionista colabora de forma más estrecha con él entregándole una sinopsis de la trama, ya sea escrita o verbalmente, para que el artista diseñe sus páginas en base a la historia contada. Así trabajaba Stan Lee con sus artistas.

The Mutants

Lee necesitaba otra publicación bimestral de superhéroes que fuera diferente a las anteriores. No tendrían que existir una picadura de araña radioactiva o los rayos cósmicos para ser un superhéroe. La teoría de la evolución de las especies de Charles Darwin serviría. Lee sabía que su público eran jóvenes que estaban atravesando la pubertad y que eso los hacía sentir como bichos raros y fuera de lugar. Por eso, Lee quería que se llamara *The Mutants*.

The Marvel Super Heroes

Era la primera serie animada de televisión de Marvel, con Capitán América, Hulk, Iron Man, Thor y Namor, que se emitió en 1966. La serie, en color, tenía una animación muy rudimentaria, ya que se hacía con imágenes fotocopiadas con Xerox tomadas directamente de los cómics y manipuladas para minimizar la necesidad de producción de animación.

El Capi rescató a Magneto, cuando era niño, en Auschwitz.

Lee buscó relacionar a Magneto con la guerra, por sus recuerdos de la II Guerra Mundial.

Paul McCartney hizo una canción sobre este personaje, llamada «Magneto and Titanium Man» (1975).

Magneto debutó en la serie animada de los Fantastic Four.

Estudiosos de los cómics sostienen que Magneto está inspirado en Malcom X. Pero esto no es cierto.

M de MAGNETO

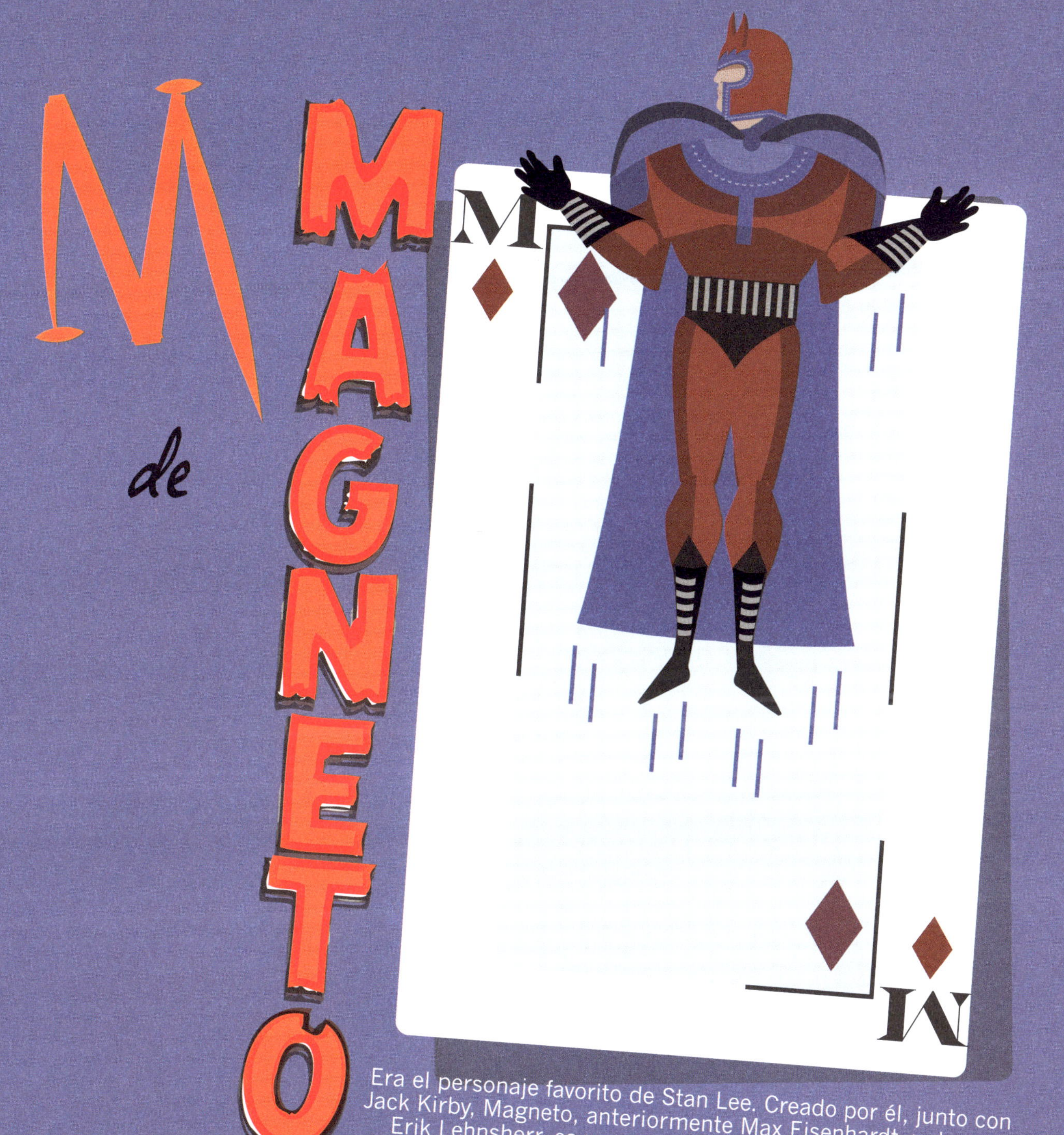

Era el personaje favorito de Stan Lee. Creado por él, junto con Jack Kirby, Magneto, anteriormente Max Eisenhardt, y después Erik Lehnsherr, es un personaje que aparece como villano enfrentado a los mutantes del Profesor Charles Xavier, por primera vez, en *Uncanny X-Men* #1 (1963). Detrás de su poder mutante, esa habilidad de generar y controlar campos magnéticos mentales, existe un pasado más cercano a la realidad que no tiene ningún otro personaje de Marvel. Desde su origen judío, la persecución nazi, su huída de los campos de concentración y el Holocausto, hacen que este personaje sea algo muy cercano, casi una cuestión personal para Lee.

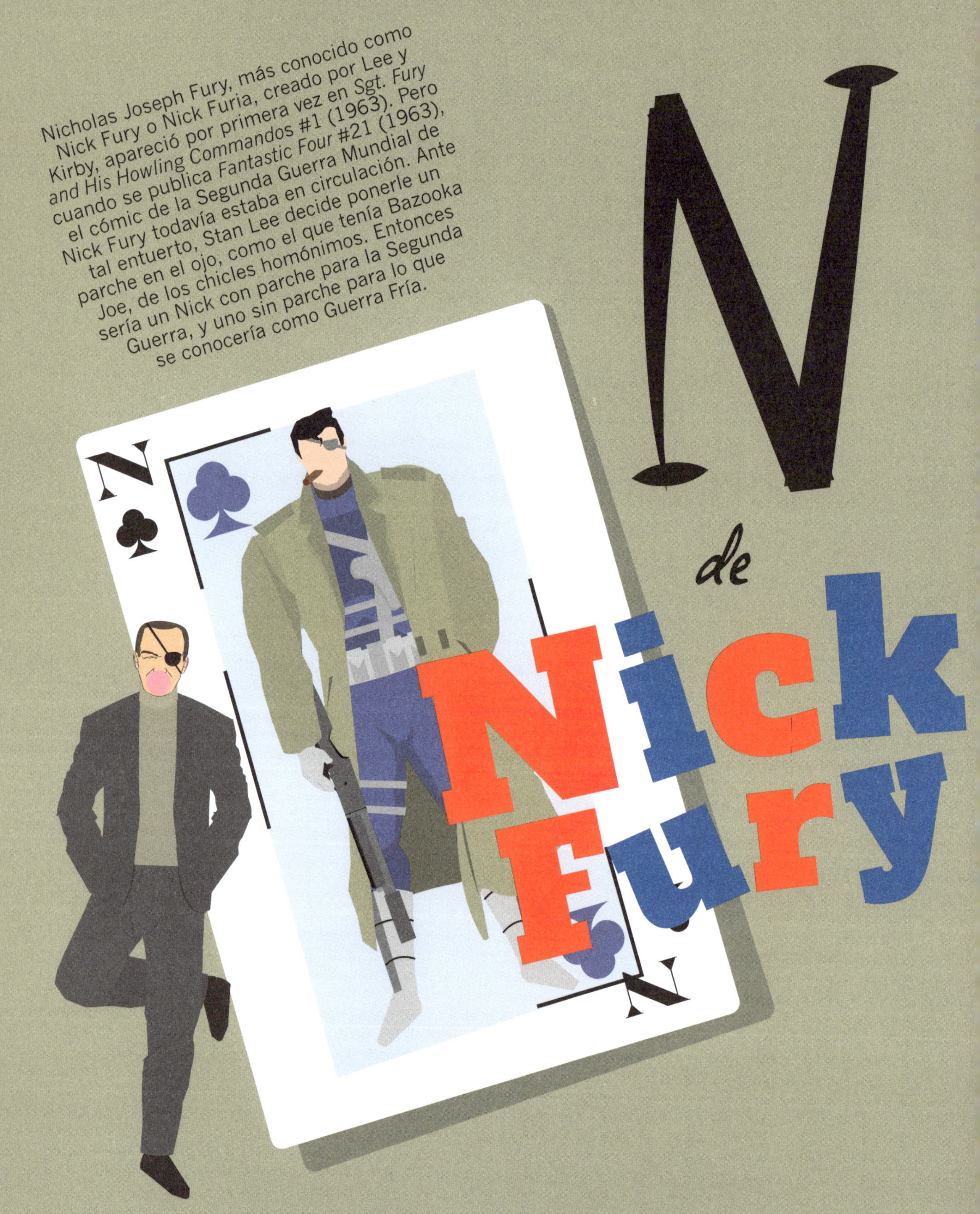

Nicholas Joseph Fury, más conocido como Nick Fury o Nick Furia, creado por Lee y Kirby, apareció por primera vez en Sgt. Fury and His Howling Commandos #1 (1963). Pero cuando se publica Fantastic Four #21 (1963), el cómic de la Segunda Guerra Mundial de Nick Fury todavía estaba en circulación. Ante tal entuerto, Stan Lee decide ponerle un parche en el ojo, como el que tenía Bazooka Joe, de los chicles homónimos. Entonces sería un Nick con parche para la Segunda Guerra, y uno sin parche para lo que se conocería como Guerra Fría.

N

de

Nick Fury

Al crear a Nick Fury como agente de contraespionaje de S.H.I.E.L.D., Lee quería que fuese como la serie *El Agente de C.I.P.O.L.* pero en viñetas.

Con un cómic convencieron a Samuel L. Jackson para que fuera Fury.

El racista Hate Monger fue su peor pesadilla. Detrás de su capucha se escondía Adolf Hitler.

Tony Stark, Dum Dum Dugan y Nick Fury, sin parche.

El gato Goose fue el que le hizo perder el ojo. En los cómics era una granada nazi.

Por el amor de la Condesa Valentina Allegra de Fontaine, se peleó con el Capitán América.

La Condesa está inspirada en la Valentina (1965) del ilustrador italiano Guido Crepax.

también de

Not Brand Echh

Es una serie de cómics satíricos publicados por Marvel que parodiaba sus propias historias de superhéroes, así como las de otras editoriales de cómics. Con 13 números publicados, la revista, creada por Lee, nace en 1967, incluyendo entre sus colaboradores a escritores y artistas como Jack Kirby, Gene Colan, Bill Everett, John y Marie Severin y Roy Thomas.

Nomad

Es la nueva identidad que adopta Steve Rogers en los cómics tras dejar de usar el traje del Capitán América. Esta decisión fue tomada luego de descubrir que un alto funcionario del gobierno, el presidente Nixon, era el líder de la organización terrorista conocida como Imperio.

Namor

Este personaje, cuyo nombre real es Namor McKenzie, ha tenido apariciones en varias editoriales como Funnies Inc. (1931), Engine Comics (octubre de 1932), Travel Histories (septiembre de 1933), Fun Stories (1934) y Comfort Books (1935). Su creador, Bill Everett, vendió los derechos del personaje a Timely Comics (1938), donde fueron publicados, por primera vez en color, en la revista *Marvel Comics* #1(1939). En 1961, Lee y Kirby lo resucitan en *Fantastic Four* #4, justificando su ausencia por un caso de amnesia severa que lo había hecho olvidar quién era. A Everett se le ocurrió «Namor» al escribir nombres de sonidos nobles al revés y pensó en Roman.

Nellie The Nurse

Del mismo modo que *Millie The Model*, *Nellie The Nurse* (1945) era otro título de Timely que mostraba a una joven profesional enfrentarse a sus problemas diarios sin tener una capa. Fue creada por Stan Lee y el artista Mike Sekowsky.

Oz

En 1975, DC Comics había pagado por los derechos de publicación de la película *The Wizard Of Oz* (1939), mientras que Marvel pretendía hacer un cómic basándose en la novela infantil *The Wonderful Wizard Of Oz* (1900) de Lyman Frank Baum, que había pasado al dominio público y era de uso gratuito. Pero, en medio de la producción, Stan Lee se enteró del cómic que estaba haciendo la competencia. Entonces fue a ver al editor general de DC, Carmine Infantino, para proponerle un acuerdo. Esta fue la primera vez que las dos editoriales trabajaron juntas.

2001: Odisea del Espacio

Para volver a Marvel, Jack Kirby le exigió ciertos privilegios a Stan Lee, que él tuvo que aceptar. Él quería hacer un comic-book de la película *2001: A Space Odyssey* (1968), de Stanley Kubrick. Kirby escribió y dibujó tanto la adaptación como una serie basada en el libro, que fueron publicadas por Marvel Comics a partir de 1976. Si bien la historia es una adaptación cercana de los eventos de la película, difiere en el hecho de que Kirby incorporó diálogos adicionales.

Norman Osborn

En la última viñeta de *The Amazing Spider-Man* #38 (1966) se daba a conocer la identidad secreta del villano Duende Verde, el multimillonario Norman Osborn. Esta revelación provocó el alejamiento del artista Steve Ditko del personaje que él había creado, el Hombre Araña, junto con Stan Lee. Mientras que Lee defendía la idea de que se tratara de un secundario habitual de la historieta, Ditko prefería que fuera un perfecto desconocido.

El otro Osborn

Harry Osborn era el mejor amigo de Peter Parker, creado por Stan Lee y Steve Ditko. El hijo de Norman Osborn era el preferido del dueño de Marvel, Martin Goodman. Él quería que Peter Parker fuera un mujeriego como su amigo.

Lee se dio cuenta que el enemigo de «The Spirit» también se llamaba Octopus, y cuyo rostro nunca se había conocido en los cómics.

Superior Spider-Man es muy violento.

La Spider-Signal nació en una pelea contra el Doctor, copiando así a la Batseñal.

Existe una versión femenina del Dr. Octopus, la doctora Olivia 'Liv' Octavius.

Kingpin, de ser cercano al Doctor, luego se enfrentará a la versión fusionada de Octopus con el arácnido.

Luego de la muerte de Peter Parker, en *The Amazing Spider-Man* #700, el Doctor Octopus implantó su mente en el cuerpo del arácnido, transformandose así en Superior Spider-Man.

Este villano, llamado Otto Gunther Octavius, apareció por primera vez en *The Amazing Spider-Man* #3 (1963), y fue creado por Stan Lee y el artista Steve Ditko. Lee solía contar que cuando creaba un villano, lo primero en lo que pensaba era en su nombre, para luego pensar en lo que sería el personaje y qué es lo que haría. «Por alguna razón, pensé en un pulpo.» El Doctor Octopus es considerado como uno de los peores enemigos del Hombre Araña, ya que, por ejemplo, lo derrotó en la primera vez en batalla y pretendió meterse en la vida personal del joven, casándose con su amada tía May Parker.

de

Dr. OCTOPUS

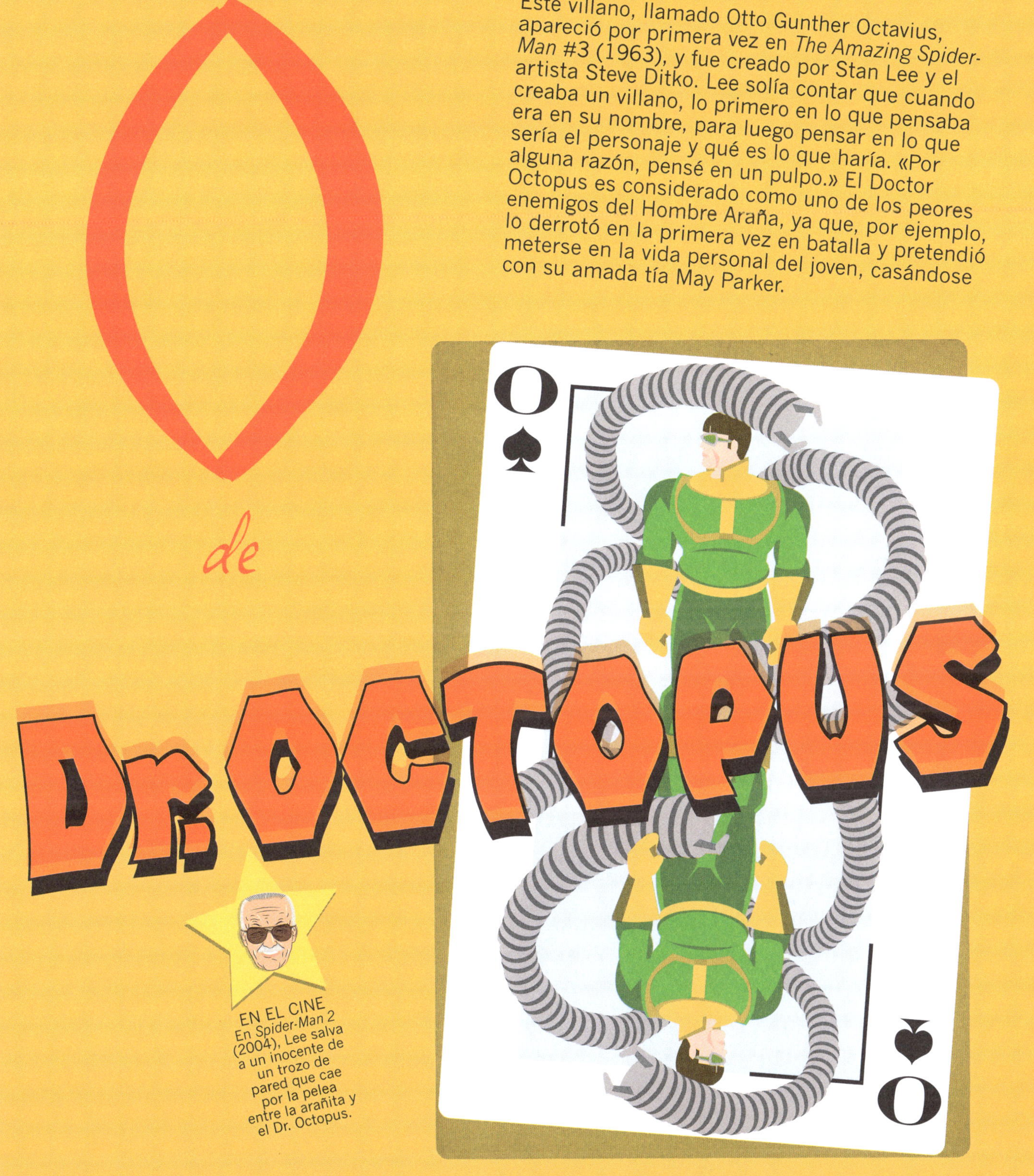

EN EL CINE
En *Spider-Man 2* (2004), Lee salva a un inocente de un trozo de pared que cae por la pelea entre la arañita y el Dr. Octopus.

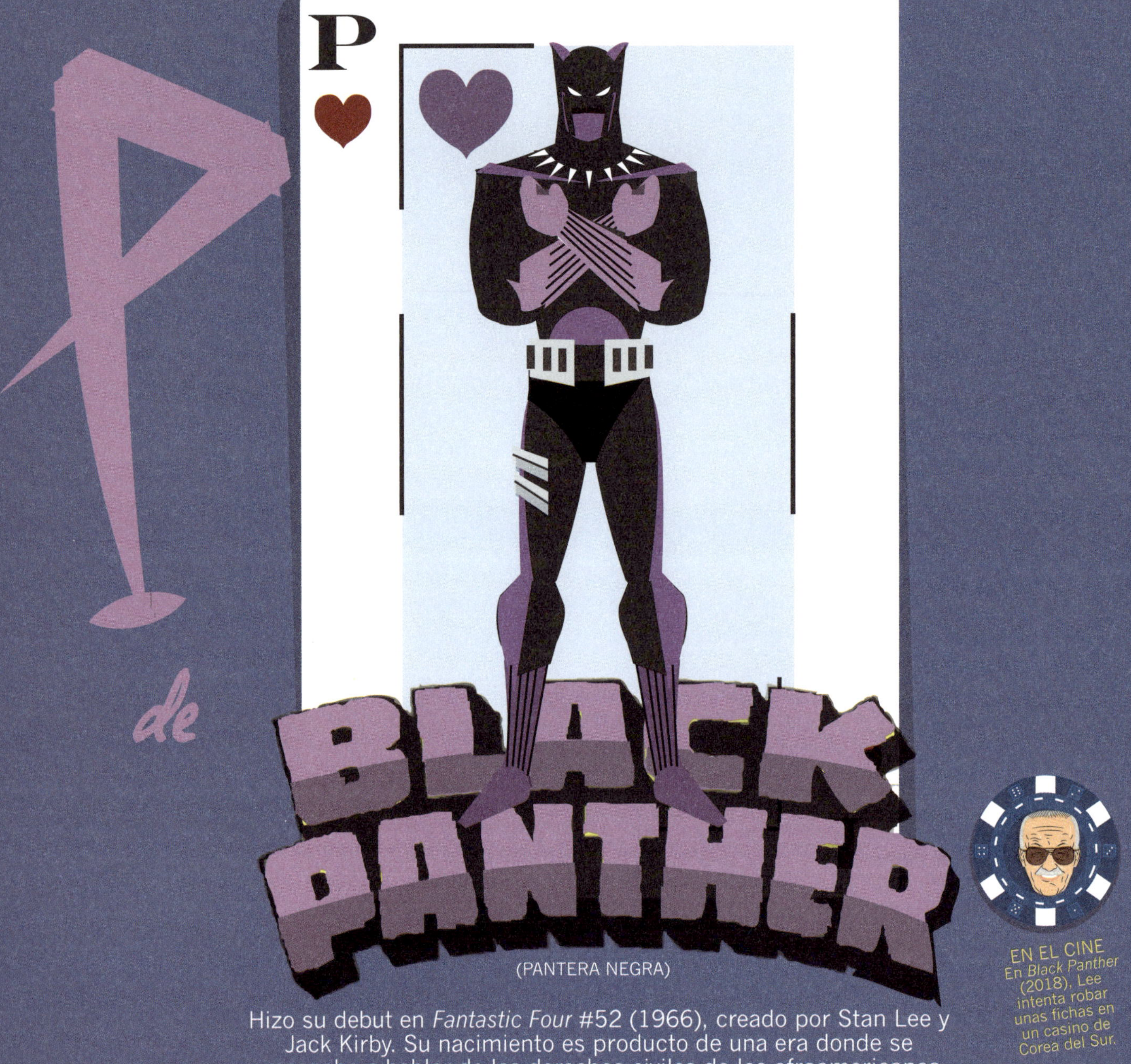

Hizo su debut en *Fantastic Four* #52 (1966), creado por Stan Lee y Jack Kirby. Su nacimiento es producto de una era donde se empezaba a hablar de los derechos civiles de los afroamericanos. Un mes después de la declaración de Black Power del activista Stokely Carmichael, el personaje debutó en Los 4 Fantásticos. Y tres meses después de esa publicación, nacía oficialmente el Black Panther Party, organización política que no descartaba el uso de la violencia, si era necesario, para alcanzar sus fines. Stan Lee no quería que este superhéroe del territorio ficticio de Wakanda fuera identificado con ese grupo, y la solución fue rápida: cambiar el nombre por Black Leopard.

también de

Tía May Parker

Creada por Lee-Ditko, Maybelle 'May' Parker Reilly, conocida como la Tía May, es la imagen materna que ha tenido Peter Parker. Él nunca llegó a conocer a sus padres biológicos, los agentes de la CIA Richard y Mary Parker, ya que murieron cuando aún era joven. Tras su muerte, Peter fue criado por el hermano mayor de Richard, Ben Parker, y su esposa, May. Ella apareció por primera vez en *Amazing Fantasy* #15 (1962), siendo un personaje muy influyente en los cómics de Spider-Man.

Pinky Lee

Era un cómico norteamericano llamado Pincus Leff que tenía un show televisivo en NBC que se llamaba *The Pinky Lee Show* (1950). Lee, por pedido expreso de Martin Goodman, estableció un acuerdo para publicar, bajo el sello Atlas, *The Adventures Of Pinky Lee* (1955), donde él escribía y Morris Weiss dibujaba. La publicación sólo duró cinco números.

My Girl Pearl

Stan Lee sentía cierta debilidad por este personaje creado junto al artista Dan DeCarlo, quien luego crearía Josie And The Pussycats. *My Girl Pearl* (1955) era el estereotipo de chica rubia, y Lee gozaba con los problemas que le creaba y que ella debía enfrentar en la vida diaria. La publicación se prolongó cuatro números, regresó con otros dos en 1957, y finalizó en 1960, con cinco números más.

Henry 'Hank' Pym

Este personaje descubre una sustancia química que le permite reducir su tamaño como al de una hormiga. Este pequeño superhéroe, más conocido como Ant-Man gracias al cine, fue creado por Lee, junto con su hermano, Larry Lieber y Jack Kirby, en 1962. Su creación estaba inspirada en otro mini superhéroe. En DC Comics existía Átom, desde 1940, creado por Bill O'Connor y Ben Flinton.

Queen Medusa

Es la reina de los inhumanos. Es la esposa del rey Rayo Negro y madre de Ahura. Apareció por primera vez en *Fantastic Four* #36 (1965), antes de que se conociera la existencia de su raza, y fue creada por Stan Lee y Jack Kirby. Medusalith Boltagon, su nombre verdadero, obtuvo sus poderes a través de Terrigenesis, un agente mutágeno que alteró su fisiología. Su cabello, más duro que el acero, es su arma más poderosa, pues se expande y mueve a su voluntad.

The Question

Lee aceptaba que el artista Steve Ditko, el cocreador de Spider-Man, trabajara también en Charlton Comics, que luego sería adquirida por DC Comics. Fue en esa época que Ditko creó The Question, un superhéroe que adoptaba la filosofía del Objetivismo de la pensadora Ayn Rand, quien afirmaba que a la realidad solo se la domina obedeciéndola. Pero este personaje político no encontró interés en Marvel, ni en Lee. Apareció en *Blue Beetle* #1 (1967).

A la conquista de los quioscos

1952 fue el año de mayor crecimiento sostenido de Atlas Comics. Con el control nuevamente de la distribución y sin condicionamientos externos (DC Comics) que limitaran la cantidad de títulos que podía publicar, Goodman decidió incrementar la producción inundando los quioscos. Y esta conquista de los aparadores fue con casi 400 publicaciones a lo largo del año.

QNS

La Merry Marvel Marching Society, más conocida por sus iniciales, MMMS, era un club de fans de Marvel que inventó Lee en 1964. Siguiendo con las iniciales se crearon cargos de oficiales, como en el ejército, dentro del club. Si uno lograba que le publicaran una carta de lectores lo elevaría al status de QNS, Quite Nuff Sayer, uno de los máximos rangos.

Quicksilver posee super-velocidad, que incluye la capacidad de correr, moverse y pensar extremadamente rápido, también puede atravesar la materia sólida, usar reflejos sobrehumanos y aparentemente violar ciertas leyes de la física, como superar la velocidad de la luz. Pero estas habilidades con las que fue bendecido el personaje de Marvel, creado por Stan Lee y Jack Kirby en 1964, son exactamente las mismas que tenía Flash de DC Comics, desde 1940.

de

QUICKSILVER

Lee estaba obsesionado con que sus personajes corrieran.

Blackagar Boltagon o Black Bolt es un superhéroe que aparece en *Fantastic Four* #45 (1965), creado por Stan Lee y Jack Kirby. Este personaje, de una fuerza sin igual, es el Rey de los Inhumanos, casado con la Reina Medusa, y pertenece a una raza de humanos prehistóricos que fueron genéticamente alterados por la raza extraterrestre Kree. Su poder distintivo es su voz. Su habla puede desencadenar una perturbación masiva en forma de una onda de choque altamente destructiva, capaz de destruir una ciudad entera.

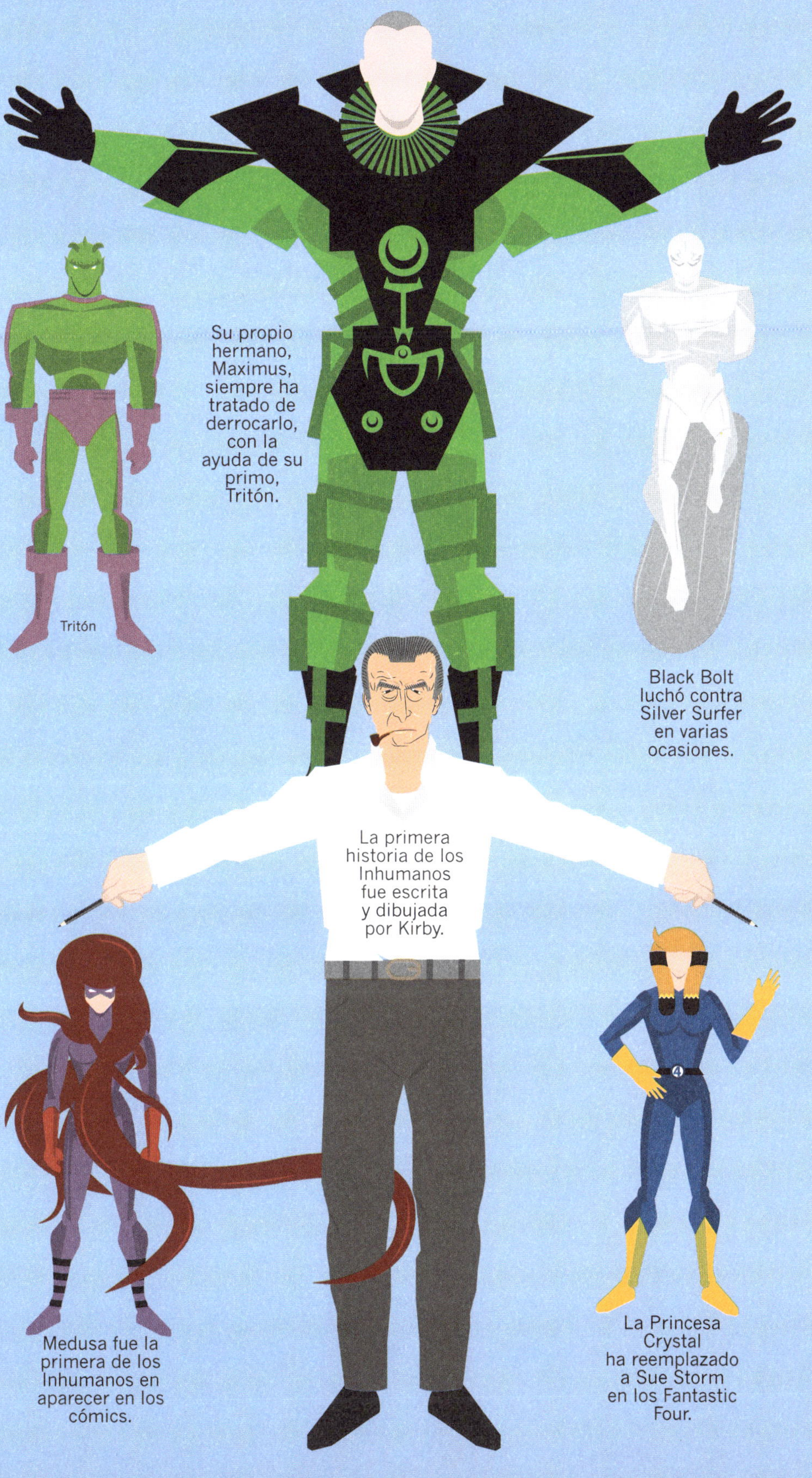

Su propio hermano, Maximus, siempre ha tratado de derrocarlo, con la ayuda de su primo, Tritón.

Tritón

Black Bolt luchó contra Silver Surfer en varias ocasiones.

La primera historia de los Inhumanos fue escrita y dibujada por Kirby.

Medusa fue la primera de los Inhumanos en aparecer en los cómics.

La Princesa Crystal ha reemplazado a Sue Storm en los Fantastic Four.

R

también de

Red Skull

Este villano, antes de ser el jerarca nazi Johann Schmidt, protegido por Adolf Hitler, fue el empresario norteamericano George Maxon, proveedor del Ejército de los EE.UU. Luego, Stan Lee le daría una nueva identidad ideológica. Cráneo Rojo fue creado por Joe Simon y Jack Kirby, y apareció por primera vez en *Captain America Comics* #1 (1941). Simon cuenta que el origen de este personaje se encuentra en un helado de vainilla con chocolate caliente. Esa imagen, el chocolate derretido, fue reconstruida en su mente hasta encontrar piernas, pies y manos. La cereza que asomaba en la parte superior del helado fue la clave. Parecía un cráneo.

Ravage 2099

Creado por Stan Lee y el artista Paul Ryan, *Ravage 2099* (1992) cuenta las desventuras de Paul Phillip Ravage, un directivo de una megacorporación, Eco-Corp que, tras ser acusado injustamente de asesinato, inicia una carrera como superhéroe. Así, el pulcro ejecutivo deja paso a un guerrero en el estilo Mad Max, dispuesto a llevar la lucha por el medio ambiente y enfrentar la mentira de sus antiguos empleadores.

The Rawhide Kid

Es uno de los personajes de western más duraderos en Atlas-Marvel, creado por Lee y el artista Bob Brown. En 1959, *Rawhide* se convierte en una serie de televisión, con Clint Eastwood, y Lee decide continuarla con Kirby. En 2003, Kid se mostraría como homosexual.

Rhino

Lee creó a un villano a partir de la desesperación de un padre por dar de comer a sus hijos. Entonces hizo que Aleksei Sytsevich aceptara ser parte de un experimento con radiación, en *The Amazing Spider-Man* #41 (1966), siendo la primera creación de Lee con John Romita Sr., luego de la partida de Ditko.

S también de

Los Skrulls

Son otra raza extraterrestre creada por Lee-Kirby, cuya particularidad es que pueden cambiar de aspecto físico. Aparecieron por primera vez en *Fantastic Four* V1#2 (1962) y, son también como los Kree, una sociedad altamente agresiva y militarizada. Son originarios del planeta Skrullos y su imperio se encuentra en la Galaxia de Andrómeda. Solo los Kree tienen un poder similar al del imperio Skrull, y de hecho entre ellos se han producido innumerables guerras, llevando una de ellas hasta el mismo planeta Tierra.

Seduction Of The Innocent

En 1948, un psiquiatra alemán de Nueva York inició una campaña contra las revistas de historietas, tomando como ejemplo las de Marvel. El doctor Fredric Wertham argumentó que las historietas corrompían las mentes jóvenes y, acto seguido, contribuían a la delincuencia juvenil. Su libro *Seduction of the Innocent* (1954) generó una campaña, que él encabezó, logrando grandes quemas masivas de historietas, varias audiencias en el Senado y la creación del Comics Code Authority (CCA), para regular el contenido de estas publicaciones.

Silver Surfer I

El diseñador gráfico de las portadas de los discos de la banda inglesa Pink Floyd era un fanático confeso de Marvel. Storm Thorgerson había incluido en *A Saucerful Of Secrets* (1968) una secuencia de viñetas del Doctor Extraño, sin la autorización de la editorial. Uno de sus bocetos para la portada del álbum *The Dark Side Of The Moon* (1973) tenía al superhéroe plateado Silver Surfer como protagonista.

Silver Surfer II

En 1987 se publica el segundo disco del guitarrista Joe Satriani, y, como buen fanático de Marvel, su portada tiene la creación de Lee-Kirby en todo su esplendor.

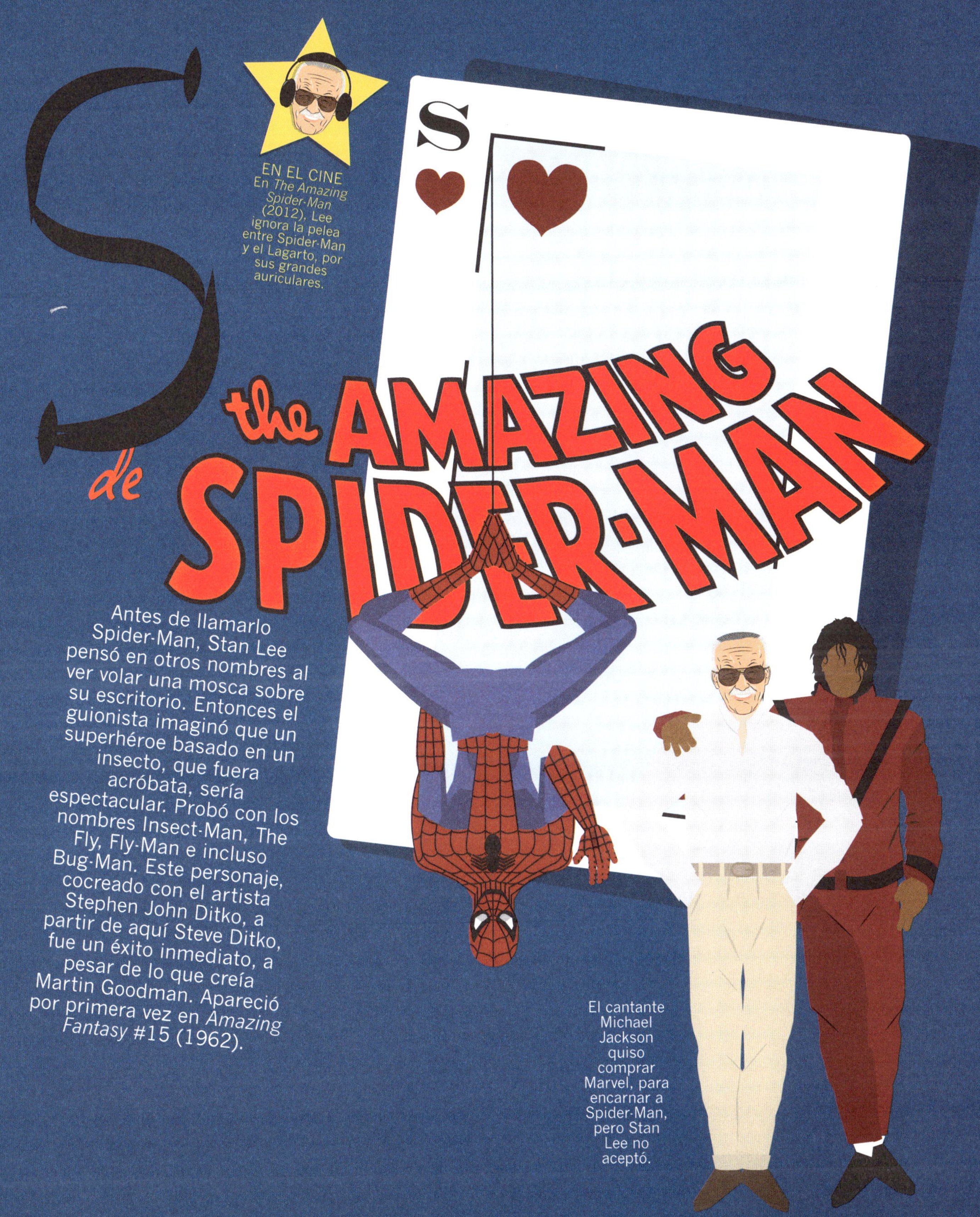

THE AMAZING SPIDER-MAN

Antes de llamarlo Spider-Man, Stan Lee pensó en otros nombres al ver volar una mosca sobre su escritorio. Entonces el guionista imaginó que un superhéroe basado en un insecto, que fuera acróbata, sería espectacular. Probó con los nombres Insect-Man, The Fly, Fly-Man e incluso Bug-Man. Este personaje, cocreado con el artista Stephen John Ditko, a partir de aquí Steve Ditko, fue un éxito inmediato, a pesar de lo que creía Martin Goodman. Apareció por primera vez en *Amazing Fantasy* #15 (1962).

El cantante Michael Jackson quiso comprar Marvel, para encarnar a Spider-Man, pero Stan Lee no aceptó.

T de

La Mujer Maravilla ha sido una de las pocas personas que ha podido levantar el pesado Mjolnir.

También conocido como el dios del Trueno fue creado por Stan Lee, su hermano menor, el guionista Larry Lieber, y el artista Jack Kirby, y apareció por primera vez en *Journey into Mystery* #85 (1962). Su nombre es una adaptación de Thorg, un monstruo extraterrestre creado por Lee-Kirby para *Tales To Astonish* #16 (1961), que habitó en la Isla de Pascua. Thor Odinson, como se lo conoce en Asgard, cuando llega a la Tierra expulsado por su padre, Odín, y sin memoria, encarna en el cuerpo del estudiante de medicina minusválido Donald Blake. De vacaciones en Noruega, Blake encuentra un bastón que él cree que lo ayudará a moverse con más tranquilidad. Pero ese bastón será luego el martillo encantado, Mjolnir.

también de

Teen Titans Go!

Uno de los cameos más extraños de Stan Lee sucedió en una película animada. Y lo llamativo no es que fuera animada, sino que la misma no pertenecía a Marvel. Lee aparece en *Teen Titans Go!* (2018), una película de DC Comics, burlándose de sus propias apariciones en cine. Durante la película, Lee se da cuenta de lo que está haciendo y decide irse rápidamente. Sin embargo, la tentación es muy grande, regresa y grita «¡Excelsior!».

Tessie The Typist

Antes de su obsesión por los superhéroes, Lee buscaba cubrir el mercado editorial con unas nuevas revistas dirigidas a lo que se llamaría «mujer trabajadora». En 1944, Tessie aparecerá en tres revistas de forma simultánea en Timely Comics. Además será la primera estrella de la Edad de Oro siendo portada de *Joker Comics*, *Gay Comics* y en su propia cabecera, *Tessie the Typist Comics*.

Thorg The Unbelievable

También conocido como Thorr, este personaje fue creado por Jack Kirby y Dick Ayers, y aparece por primera vez en *Tales To Astonish* #16 (1961). Este gigante extraterrestre de piedra, con un peso de 90 toneladas aproximadamente, tiene la cara similar a la del Moái de la Isla de Rapa-Nui, en Chile. En el relato de fantasía, esta raza envió a varios agentes, como Thorg, a distintos planetas del universo, con la intención de activarlos más tarde para conquistar esos planetas.

Two-Gun Kid

Es el primer héroe del Oeste Salvaje, Clay Harder, con su propia cabecera *Two-Gun Kid* #1 (1948). Su serie original duró solo un año. Sin embargo, Marvel decidió hacer un cambio en el pistolero en 1962, cuando Lee y Kirby se hacen cargo. En *Two-Gun Kid* #60 empezaría a usar una máscara.

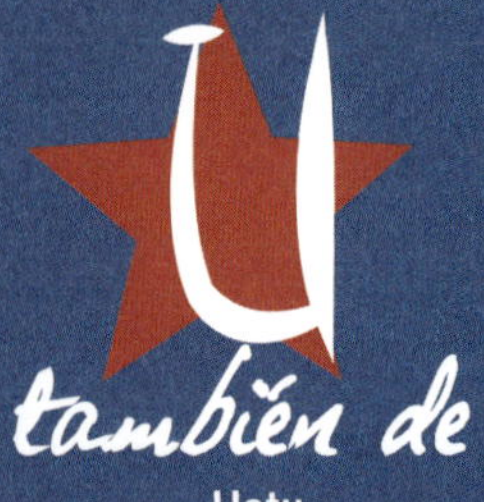

U también de

Uatu
Conocido simplemente como El Vigilante, apareció por primera vez en *The Fantastic Four* #13 (1963) y fue creado por Lee-Kirby. Como miembro de los Vigilantes, este extraterrestre tiene la función de monitorizar las actividades de la especie humana. Uatu apareció por primera vez en *Tales of Suspense* #49 (1964).

Ultimate Nullifier
Lee, junto con Kirby, además de inventar muchos personajes, crearon armas de caráter letal para acompañarlos. Tal es el caso del Nulificador Supremo, un artefacto de pequeño tamaño, que cabe perfectamente en una mano, que puede eliminar de la existencia cualquier cosa que su portador elija. Apareció por primera vez en *Fantastic Four* #50 (1966) y fue descrito como el arma más devastadora del universo, capaz de borrar del mapa un Sistema Solar completo en un microsegundo.

Unión de superhéroes
Todo empezó cuando DC Comics creó la *Justice League of America* (1960), que se vendería como pan caliente. Goodman le pidió a Lee que creara un nuevo grupo de héroes. Así nace el primer equipo, los Fantastic Four. Desde aquel momento, Stan Lee se convirtió en un impulsor de unir personajes en sus publicaciones (Young Allies, The Invaders, All-Winners Squad, The Inhumans, Agents Of S.H.I.E.L.D.S., The Champions, The Defenders, X-Men, Fantastic Four, The Avengers, Guardians Of The Galaxy, entre otros).

Uncanny Tales
Es el nombre de dos series de cómics de ciencia ficción y terror, publicadas en las décadas de 1950 y 1970. El primer volumen fue publicado por Atlas Comics, mientras que el segundo ya salió con el cabezal de Marvel. Editados por Stan Lee, *Uncanny Tales* incluyó a grandes artistas como Steve Ditko, Bill Everett, y Jerry Robinson, entre otros.

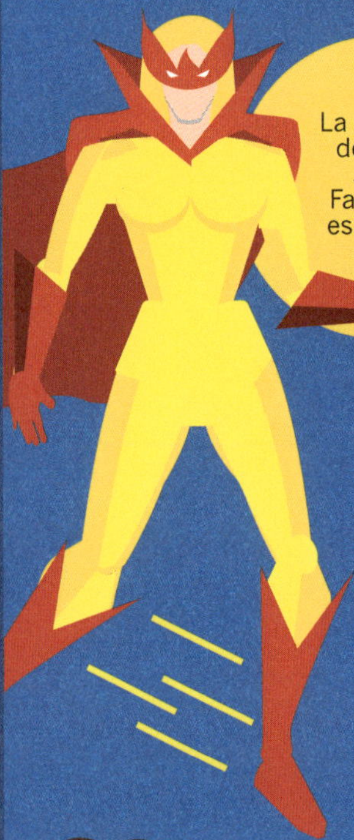

La hermana de Brian, Jackie Falsworth, es Spitfire.

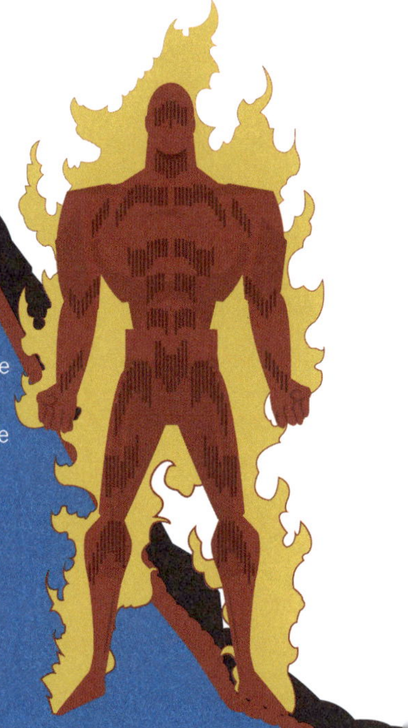

Spitfire es otro personaje superveloz, por una transfusión de sangre de Antorcha Humana original.

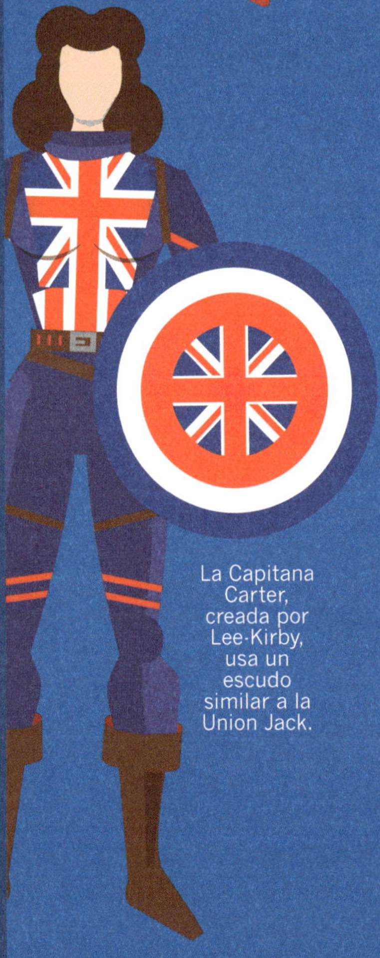

La Capitana Carter, creada por Lee-Kirby, usa un escudo similar a la Union Jack.

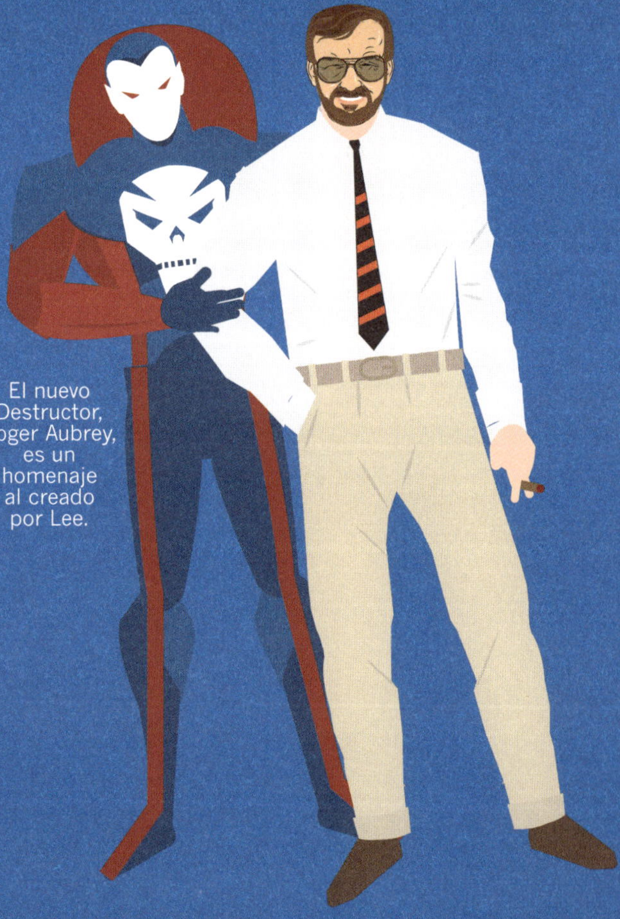

El nuevo Destructor, Roger Aubrey, es un homenaje al creado por Lee.

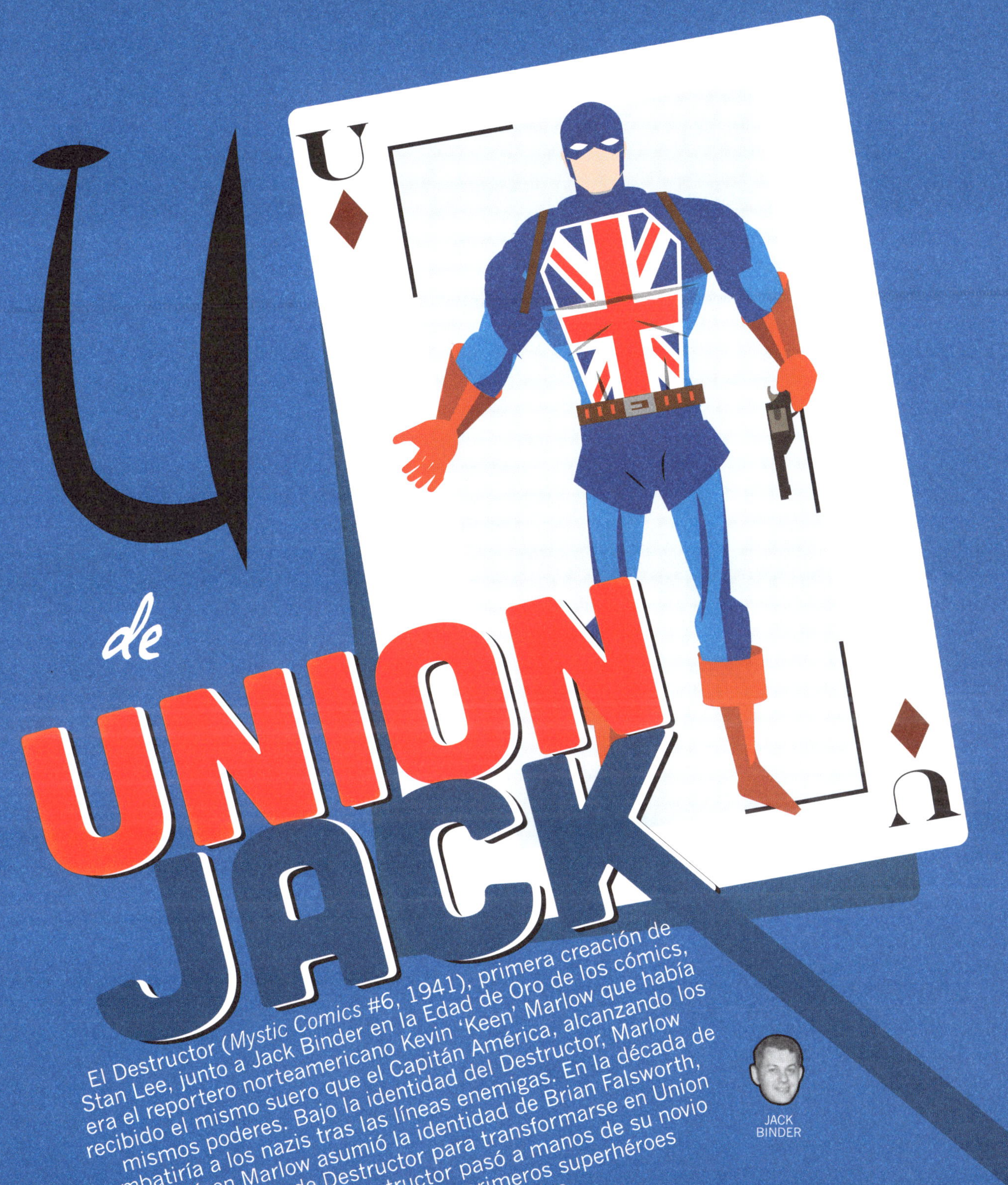

El Destructor (Mystic Comics #6, 1941), primera creación de Stan Lee, junto a Jack Binder en la Edad de Oro de los cómics, era el reportero norteamericano Kevin 'Keen' Marlow que había recibido el mismo suero que el Capitán América, alcanzando los mismos poderes. Bajo la identidad del Destructor, Marlow combatiría a los nazis tras las líneas enemigas. En la década de 1970, Keen Marlow asumió la identidad de Brian Falsworth, renunciando a la de Destructor para transformarse en Union Jack. La identidad de Destructor pasó a manos de su novio Roger Aubrey, siendo los dos primeros superhéroes abiertamente homosexuales.

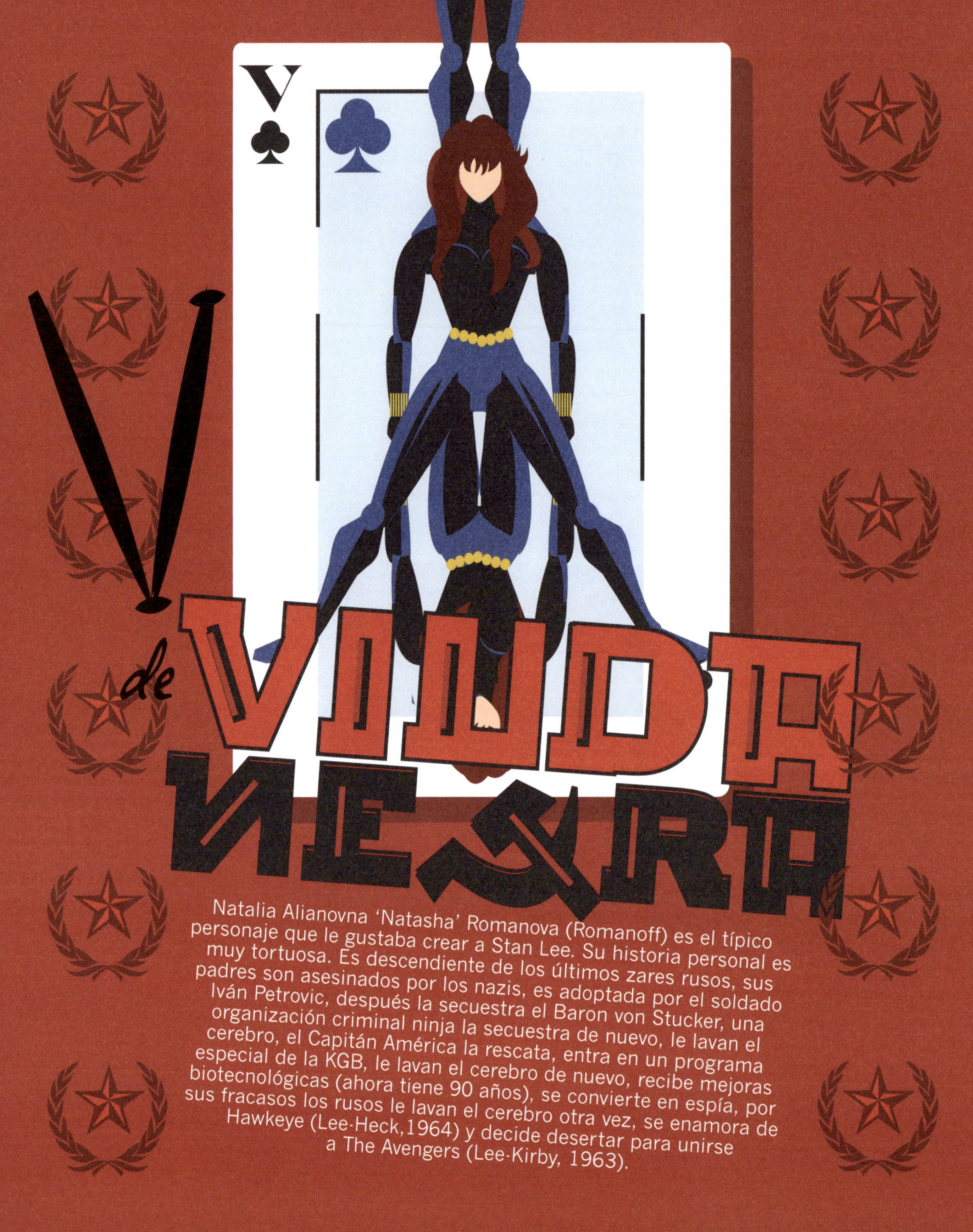

V de VIUDA NEGRA

Natalia Alianovna 'Natasha' Romanova (Romanoff) es el típico
personaje que le gustaba crear a Stan Lee. Su historia personal es
muy tortuosa. Es descendiente de los últimos zares rusos, sus
padres son asesinados por los nazis, es adoptada por el soldado
Iván Petrovic, después la secuestra el Baron von Stucker, una
organización criminal ninja la secuestra de nuevo, le lavan el
cerebro, el Capitán América la rescata, entra en un programa
especial de la KGB, le lavan el cerebro de nuevo, recibe mejoras
biotecnológicas (ahora tiene 90 años), se convierte en espía, por
sus fracasos los rusos le lavan el cerebro otra vez, se enamora de
Hawkeye (Lee·Heck,1964) y decide desertar para unirse
a The Avengers (Lee·Kirby, 1963).

La primera versión de la heroína rusa fue dibujada por el artista Don Heck.

El artista John Romita Sr. se hizo cargo del personaje y lo hizo parecido a la heroína favorita de su niñez, Miss Fury (1942) de June Tarpe Mills.

Heck repetiría el molde de su Black Widow para dibujar a Wonder Woman.

Stan Lee quería que su personaje fuera parecida a Black Canary de DC Comics, del artista Carmine Infantino.

Como buena rusa, su origen es como esas muñecas que escondían otras en su interior.

La primera Viuda Negra se llamaba Claire Voyant.

JUNE TARPE MILLS

CARMINE INFANTINO

V

Libro de los Vishanti

Es un compendio de hechizos que aparece en *Strange Tales* #116 (1964), creado por Stan Lee y Dick Ayers. Los Vishanti eran entidades extradimensionales benévolas con vastos poderes místicos, que podían dotar de conocimientos a aquellos que invocaran su nombre y que fueran considerados dignos. El libro está bajo la custodia del Doctor Stephen Strange.

Vibranium

Es un metal inexistente que apareció por primera vez en *Daredevil* # 13 (1966), creado por Stan Lee y el artista John Romita. Es uno de los materiales utilizados para construir el escudo del Capitán América. Más tarde aparece en *Fantastic Four* #53 (1966) una nueva variante del metal, el vibranium natural o wakandiano, que se encuentra en la Nación de Wakanda. Esta variación tenía el atributo único de poder absorber el sonido. El uniforme que usa Pantera Negra está hecho de vibranium.

Ventisca

Gregor Shapanka era un científico húngaro obsesionado con la inmortalidad, que decide experimentar con la criopreservación. Empieza a trabajar en Industrias Stark para financiar ocultamente su investigación y es despedido. Luego crea un traje que contiene los dispositivos de generación de frío, para cometer robos, y es apodado por los periódicos Jack Frost. Luego lucharía contra Iron-Man con su nueva identidad, Ventisca (*Tales of Suspense* #45 (1963), de Lee-Heck.

Escuadra de Vencedores

Fue el primer grupo de superhéroes que apareció en Timely Comics (*All Winners Comics* #19, 1946), creado por Stan Lee y Bill Finger. El grupo estaba integrado por el Capitán América y su compañero Bucky, la Antorcha Humana y su compañero Toro, Namor, el supervelocista Zumbador, y Miss América-Patsy Walker.

también de

Mary Jane 'MJ' Watson

Lee quería que sus artistas dibujaran a las mujeres muy atractivas, para que llamaran mucho la atención en las viñetas. Eso le pidió a Steve Ditko cuando pensó en crear al amor de Spider-Man, Mary Jane 'MJ' Watson. Pero a Ditko no le preocupaba tanto alcanzar la belleza femenina en sus visuales. Por eso, la primera aparición de Mary Jane, muy breve, fue con su cara oculta detrás de una planta (*The Amazing Spider-Man* #25 (1965). Fue John Romita Sr. quien se encargó de dibujarla, tomando como modelo a la actriz Ann Margret.

Adam Warlock

Creado por Stan Lee y Jack Kirby, este personaje fue conocido al principio simplemente como Él, y apareció por primera vez en *Fantastic Four* #66 (1967). Era el resultado de un experimento de la organización Enclave que buscaba crear al ser humano perfecto. Cuando tomó conciencia de esto se reveló contra sus creadores, destruyendo el lugar en el que estaba confinado. En 1972, Roy Thomas y Gil Kane decidieron convertirlo en un personaje con nombre y apellido.

Wakanda

Es un país ficticio situado en el África y es el hogar del superhéroe Pantera Negra. Apareció por primera vez en *Fantastic Four* #52 (1966), y fue creado por Lee-Kirby. Lee admiraba al autor de Tarzán (1912), Edgar Rice Burroughs, quien había nombrado a Wakanda en su novela *The Man-Eater* (1915).

Patsy Walker

De Stan Lee y la artista Ruth Atkinson, esta pelirroja apareció por primera vez en *Miss America Magazine* #2 (1944). Patsy Walker fue el primer personaje femenino creado por Lee. Ha aparecido en *Patsy and Hedy*, *Patsy and Her Pals* y *A Date with Patsy*.

En su primera aparición, Scarlet Witch fue Green Witch.

Existe una fusión con Wolverine llamada Hex-23.

Kirby intentó ponerle guantes largos a Betty Boop, cuando trabajaba en los estudios de Max Fleischer, pero no funcionó. A Lee le gustó para Wanda.

Vision se enfrenta al presbítero puritano 'John' Cotton Mather (1663-1728) que quería quemarla en Salem.

W de Scarlet Witch

La serie *Wandavision* era un homenaje a la clásica sitcom *Bewitched* (1964).

EN LA SERIE
En *Wandavision* (2021), en el opening del episodio 7 aparece la placa 122822, la fecha de nacimiento de Lee.

Este personaje femenino, cuyo nombre es Wanda Maximoff, ha tenido tantas vidas en los cómics de Marvel, a lo largo de más de cincuenta años, como posibles nombres. Cuando Stan Lee pensó en Scarlet Witch ya tenía en mente una referencia que lo había impactado cuando era joven. En la escuela había leído *La Letra Escarlata* (1850) de Nathaniel Hawthorne, donde la protagonista, Hester Prynne, sufría un calvario interminable al ser acusada de adulterio. A lo largo del relato, ella deberá llevar una letra A escarlata en su pecho. Para Lee, su personaje debería ser bruja y en su nombre debería existir la mención al color. Jack Kirby le hizo su devolución con lo que sería su presentación en *X-Men* #4 (1964), pero con varios nombres que Lee descartaría. Witch Lady, Lady Witch, Miss Witch, Miss Mystic, Jinx, Siren, Evil Eye y Sorceress, no fueron más que anotaciones del artista en sus originales.

X-Men fue la primera creación de Stan Lee y Jack Kirby que
no funcionó al principio en la historia de Marvel. Ellos
venían de crear al primer grupo de superhéroes, los
Fantastic Four, con un notable éxito de ventas. Luego, a
este grupo de adultos, Lee con Steve Ditko le sumarían un
superhéroe adolescente, Spider-Man, que los superaría en
éxito. Entonces Lee pensó un poco, y, apurado por el
nacimiento de un grupo de jóvenes superhéroes en la
vereda de enfrente, la Doom Patrol, decidió crear un nuevo
grupo, que estaría integrado por adolescentes. Los X-Men
(1963) lograron el estrellato en el número 94 (1975),
con nuevos adolescentes mutantes
y un superhéroe... adulto, Wolverine.

X de

EN EL CINE
En *X-Men* (2000),
Lee hace de
vendedor en un
puesto callejero
de hot-dog.

X-MEN

El logo de la publicación se hizo parecido al de Superman.

Kiss tuvo un cómic con los X-Men, con guion de Lee y Gene Simmons, bajista de la banda.

Primero como Wolverine y después como Logan, es el mutante que más ha participado en los X-Men.

Estudiosos de los cómics sostienen que Xavier está inspirado en el reverendo Martin Luther King. Pero esto no es cierto.

El creador de Doom Patrol, Arnold Drake, acusó a Lee de haberle robado la idea para hacer a los X-Men.

El mentor de Doom Patrol, Niles Caulder, está en silla de ruedas, como Xavier.

X también de

X-51

Jack Kirby vuelve a Marvel con una idea clara de lo que quería hacer. No era el cómic-book de la película *2001: A Space Odyssey* (1968). Lo que quería hacer era una serie mensual que ampliaría los conceptos presentados por Kubrick. En el #8, Kirby presentaría a su nuevo personaje, un androide único de su serie, criado como humano por el científico Abel Stack. Este robot era conocido dentro de las instalaciones del Ejército como X-51, ya que las 50 versiones anteriores no habían fracasado.

X-Men-Teen Titans

La creación de Lee y Kirby de 1963 formó parte de una historieta *crossover* con otro equipo de superhéroes, los Jóvenes Titanes de DC Comics. A pesar de haber sido el cruce impreso más exitoso de las dos casas editoriales, los X-Men y los Teen Titans nunca se volvieron a encontrar. En 1982, Uncanny X-Men y The New Teen Titans compartían los mismos conflictos adolescentes que tanto le gustaban a Lee, envueltos en un contexto de superhéroes.

Xorn

Este personaje misterioso se suma a los nuevos X-Men. Kuan-Yin Xorn parece ser un mutante más, con una máscara tradicional de China, pero con la particularidad de tener una estrella por cerebro. Al unirse a los X-Men busca convertirse en el mentor de un pequeño grupo de mutantes, como un nuevo héroe aparentemente pacífico. Pero esconde un secreto: es Magneto (*New X-Men* #146, 2003).

X-Patrol

En 1996, con guion de Karl Kesel y Barbara Kesel, se fusionan los personajes de los X-Men, por parte de Marvel, con los integrantes de la Doom Patrol, 1963, de DC Comics. Es casi irónica esta fusión ya que, en su momento, el creador de la Patrulla, el guionista Arnold Drake sostuvo que Stan Lee le había robado la idea.

Yondu Udonta

Apareció por primera vez en *Marvel Super Heroes* #18 (1969), donde se presentaban a los Guardianes de la Galaxia. Este personaje de piel azul con una aleta roja en la cabeza, como todos los Guardianes originales, fue creado por Stan Lee y Arnold Drake, junto al artista Gene Colan. Él, como otros extraterrestres, los últimos en cada una de sus razas, formaron este grupo junto a un humano, para liberar el Sistema Solar de la opresión de la Hermandad de los Badoon, una verdadera misión suicida. Esa idea para formar al grupo se le ocurrió a Lee inspirándose en otro Lee, el actor Lee Marvin, quien sería el Mayor de la OSS (Office Of Strategic Service), John Reisman, en la película bélica *Los Doce del Patíbulo* (1966).

Young Allies

En 1941, Joe Simon y Jack Kirby habían creado un grupo que tenían a dos jóvenes superhéroes de líderes, los aliados del Capitán América y de la Antorcha Humana. Bucky Barnes y Toro formarían los Young Allies, junto con sus amigos, también adolescentes, Knuckles (Percival Aloysius O'Toole), Jeff (Jefferson Worthing Sandervilt), Tubby (Henry Tinkle) y Whitewash Jones (Washington Jones). Su primera aparición fue en *Captain America Comics* #4, y en aquel momento eran los Sentinels of Liberty que, como era costumbre en esa época, combatían a los nazis.

Young Allies Comics

Pronto los Young Allies lograrían su propia publicación, con mayor protagonismo de los jóvenes y de sus historias de vida. En ese momento, Simon y Kirby estaban en muy mala relación con el dueño de Timely, Martin Goodman, y deciden pasarse a DC Comics, donde crearían un grupo similar, también con cuatro adolescentes, los Newsboy Legion. Entonces *Young Allies Comics* #1 (1941) aparece firmado por un tal Charles Nicholas que no es otro que Jack Kirby.

Yon-Rogg provoca la explosión que transformó a Carol Danvers en la Capitana Marvel.

Él traiciona a su compañero Mar-Vell, también conocido como el Capitán Marvel de Lee-Colan.

En 1972, DC Comics presentó al Capitán Marvel en la revista *Shazam! The Original Captain Marvel*, y Lee llevó el caso a litigio. Entonces DC cambió el nombre por *Shazam*.

Nick Fury y el general skrull Talos se enfrentaron a Yon-Rogg.

Goose, el gato que le hizo perder el ojo a Nick Fury, es de la Capitana Marvel.

Y de YON-ROGG

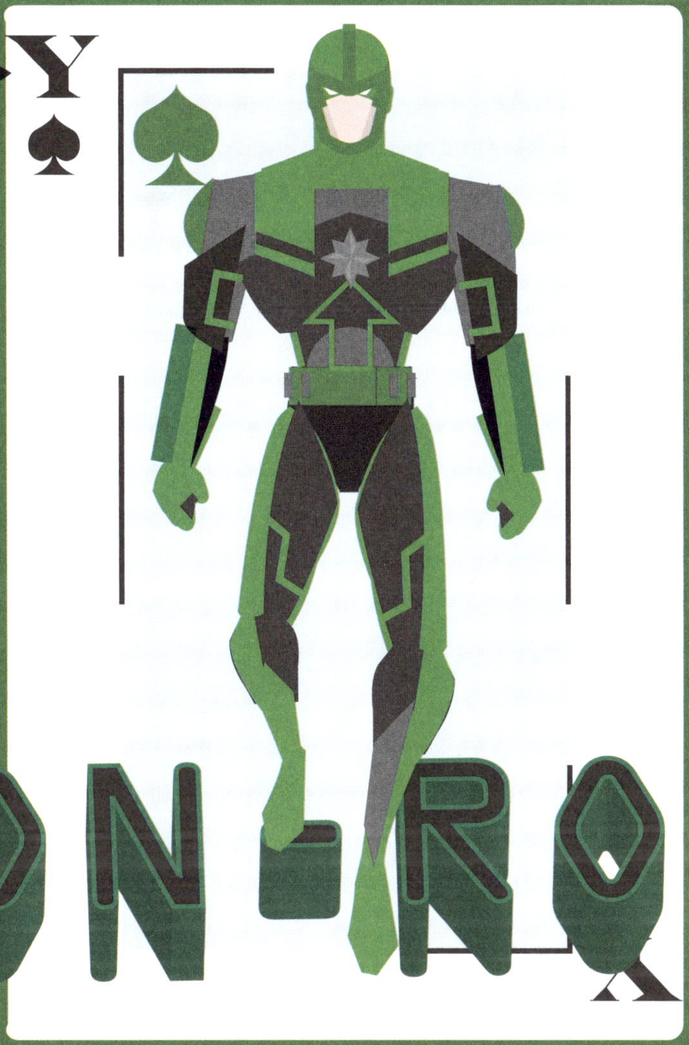

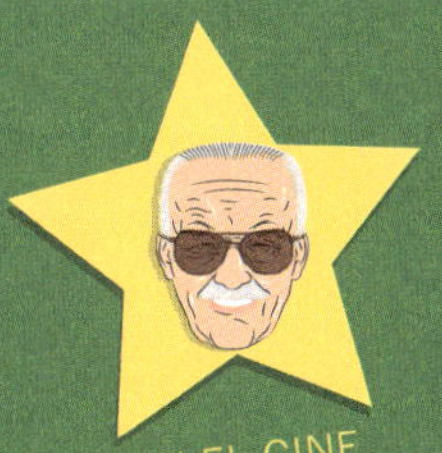

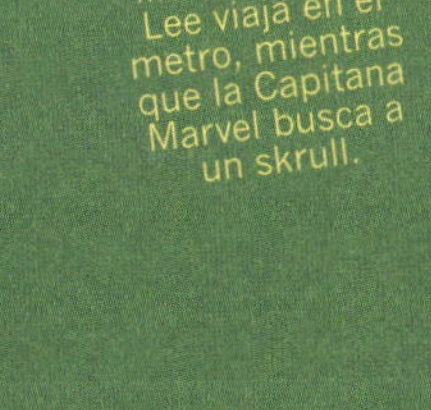

EN EL CINE

En *Capitana Marvel* (2019), Lee viaja en el metro, mientras que la Capitana Marvel busca a un skrull.

Este personaje nace de la pasión de Stan Lee por las publicaciones *pulp*, donde los protagonistas están presos de un amor no correspondido. Yon-Rogg es un militar alienígena del planeta Kree que es enviado a la Tierra por su gobierno dictatorial, la Inteligencia Suprema. Pero este personaje siente un profundo odio hacia su compañero Mar-Vell, ya que ama a Una, la médica Kree, y ésta no lo ama. Entonces lo que hace Yon-Rogg es traicionar a Mar-Vell dejándolo en la Tierra, para que Una pueda ser suya. Este personaje apareció por primera vez en *Marvel Super-Heroes* #12 (1967), y fue creado por Stan Lee y el artista Gene Colan.

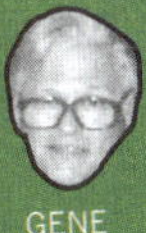

GENE COLAN

Z

 *de*

AL
JAFFEE

En la década de 1940, las funciones de cine empezaban con la proyección de pequeños cortos con dibujos animados. Entonces Martin Goodman pensó en convertir su editorial, Timely Comics, en el mejor lugar para desarrollar historias con animales antropomórficos en situaciones absurdas. Así nacen las mayores estrellas de la editorial, Ziggy Pig y Silly Seal, creadas por Stan Lee y el artista Al Jaffee, en *Krazy Komics #1* (1942). Con una dinámica «Laurel y Hardy», propia de la época, el cerdito es el inteligente, mientras que la foca es su aliado tonto. El nombre de Ziggy se le ocurrió a Lee, con la ayuda de su hermano, Larry Lieber, quien solía buscar nombres raros en los diccionarios.

Ziggy tenía guantes en sus manos como Mickey Mouse.

Z también de

Z también de

Barón Heinrich Zemo

Introducido por primera vez en *The Avengers* #4 (1964), es presentado en un flashback, aumentando de dicha manera el misterio que envuelve al enmascarado, como le gustaba a su creador, Stan Lee, junto a Jack Kirby. El personaje en realidad no apareció en persona y no fue identificado como Heinrich Zemo hasta *Sgt. Fury y sus Comandos Aulladores* #8 (1964). Zemo se une al partido nazi, quienes lo aceptan para poder utilizar su arma secreta, el Rayo de la Muerte.

El Legado del Zodiaco

En 2015, Stan Lee publicó, por primera vez en su vida, una novela ilustrada, junto al guionista Stuart Moore y al artista Andie Tong. Esta publicación, que lleva el título original de *The Zodiac Legacy: Convergence*, es algo nuevo dentro de lo que ha hecho Lee, bastante más alejado del mundo de sus superhéroes conocidos, y más cercano a la mitología oriental.

Zeus

Este personaje, cuyo nombre completo es Zeus Panhellenios, como buen dios había sido adorado por los humanos de la Antigua Grecia (y del mundo romano durante siglos) pero, en realidad, era un monarca alienígena. Su primera aparición oficial fue en la revista de otra diosa de la mitología, esta vez romana. Creado por Lee-Kirby, fue presentado en *Venus* #6 (1949), aunque existía un antecedente en DC Comics. El psicólogo William 'Charles' Moulton Marston, junto con el artista Harry G. Peter, crearían a Zeus para *All-Star Comics* #8 (1941). En esa publicación, se presentaría a la Mujer Maravilla.

Zumbador

El primer Flash apareció en *Flash Comics* #1 en enero de 1940, mientras que el personaje conocido como Zumbador empezaría a correr un año después, en *USA Comics* #1 (1941). Creado por Stan Lee y Al Avison.

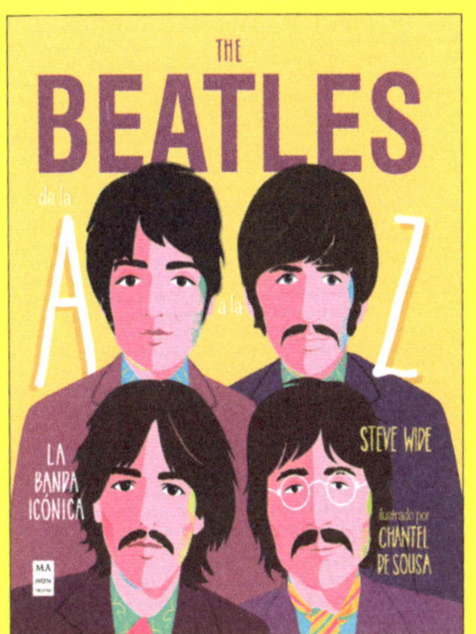

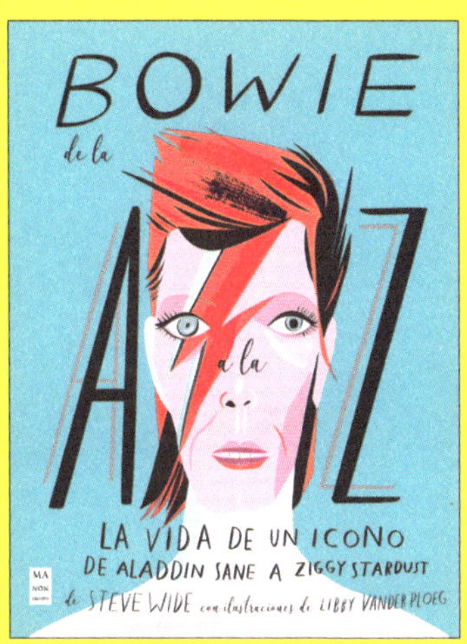

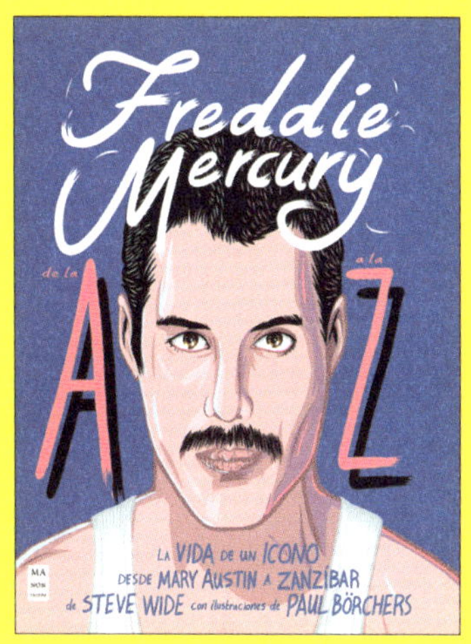

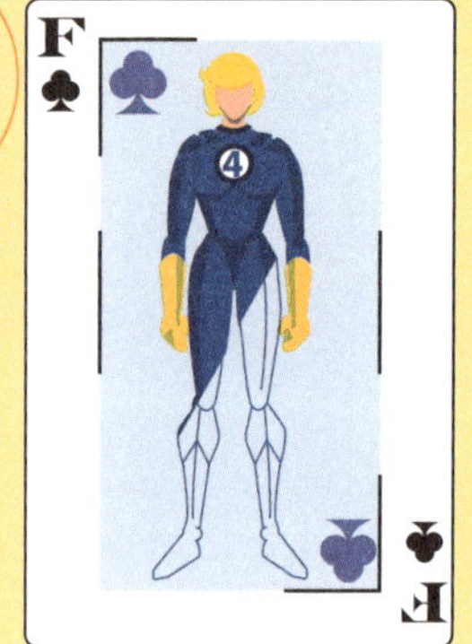